总第89辑

中国审判指导丛书

执行工作指导

最高人民法院执行局 编

人民法院出版社

图书在版编目（CIP）数据

执行工作指导. 总第89辑 / 最高人民法院执行局编. 北京 : 人民法院出版社, 2025. 8. --（中国审判指导丛书）. -- ISBN 978-7-5109-4560-1

Ⅰ. D926.2

中国国家版本馆CIP数据核字第20258PA678号

执行工作指导　总第 89 辑

最高人民法院执行局　编

责任编辑　赵芳慧　张　艺

执行编辑　沈洁雯

出版发行　人民法院出版社

地　　址　北京市东城区东交民巷 27 号（100745）

电　　话　（010）67550628（责任编辑）　67550558（发行部查询）

65223677（读者服务部）

网　　址　http://www.courtbook.com.cn

E - mail　courtpress@sohu.com

印　　刷　三河市国英印务有限公司

经　　销　新华书店

开　　本　787 毫米×1092 毫米　1/16

字　　数　205 千字

印　　张　13.75

版　　次　2025 年 8 月第 1 版　2025 年 8 月第 1 次印刷

书　　号　ISBN 978-7-5109-4560-1

定　　价　68.00 元

《执行工作指导》
编辑委员会

《执行工作指导》
特约编辑

《执行工作指导》
特约通讯员

目　录

【调研与实证】

【地方法院案例解析】

【执行局长论坛】

关于推进执行信访工作法治化若干问题解读①

黄文俊* 毛立华** 李宗诚*** 郭怀希****

信访工作是党的群众工作的重要组成部分，是了解社情民意的重要窗口。深入推进信访工作法治化，是学习贯彻习近平法治思想的必然要求，对推进国家治理体系和治理能力现代化具有重要意义。近日，最高人民法院出台《关于加强执行信访工作法治化的意见》（以下简称《意见》），对于全面推进人民法院执行信访工作法治化、更好地维护人民群众合法权益、促推不断提升执行工作质效具有重要意义。

一、关于形势任务

推进信访工作法治化，是以习近平同志为核心的党中央对新时代新征程信访工作作出的重要决策部署。党的二十届三中全会指出，要“弘扬社会主义法治精神，维护社会公平正义，全面推进国家各方面工作法治化”。2024 年 4 月，中共中央办公厅、国务院办公厅印发《关于着力推进信访工作法治化的意见》，对推进信访工作法治化提出新的明确要求。

---

① 本文原刊登于《人民司法》2025 年第 13 期。

* 最高人民法院执行局局长。

** 最高人民法院执行局副局长。

*** 最高人民法院执行局三级高级法官、申诉审查室副主任。

**** 最高人民法院执行局四级高级法官助理。

最高人民法院党组和张军院长高度重视推进信访工作法治化，要求“就是头拱地也要把人民的事办好”。《人民法院第六个五年改革纲要（2024—2028 年）》要求：“结合人民法院工作实际，健全全面推进信访工作法治化的制度机制。”

执行信访是人民法院信访工作的重要组成部分。在最高人民法院立案庭统筹指导下，2009 年，最高人民法院执行局设立专门处室负责执行信访工作，并着手建立执行信访办理平台。2017 年，执行条线具登记、甄别、交办、督办、核销于一体的执行信访办理系统上线，执行信访工作规范性、信息化水平逐步提升。近年来，执行信访数量呈逐年增长趋势，尤其随着“有信必复”工作和“一张网”建设的落实，近两年增长较快。按照最高人民法院党组和张军院长对信访工作的重要指示要求，全国法院执行条线践行以人民为中心的发展思想，全面开展“有信必复”工作，主动担当“群众信访无小事”的政治责任，人民群众的司法获得感、满意度明显提升。

执行工作作为最后一道防线的最后一公里，直接关乎人民群众财产切身利益，执行信访相对而言对抗性往往更为明显，加之执行信访与审判工作紧密相关，有时还会刑、民、行交叉，处理难度和复杂性也相对较高。最高人民法院于 2016 年制定出台《关于人民法院办理执行信访案件若干问题的意见》，对于规范执行信访办理起到了积极和重要的作用，但随着法治化要求的不断提升，一些内容需要进一步完善和明确。例如，关于诉访分离、有信必复等需要进一步予以制度化、规范化。同时，司法实践中积累了一些好的经验做法，特别是执行信访“三统一”管理在推动矛盾实质化解和加强监督管理方面的好经验，需要及时固化下来。司法实践中也反映出一些新情况新问题，例如，统一运用信息化手段办理执行信访案件的流程操作方面，需要进一步加强规范。总而言之，围绕贯彻落实中央和最高人民法院党组关于信访法治化的新要求新期待、围绕司法实践中的新情况新问题提出针对性举措，制定专门执行信访法治化意见的时机基本成熟。

二、关于目标要求

牢牢把握执行信访工作的政治属性，坚持以习近平新时代中国特色社会主义思想为指导，深入贯彻习近平法治思想，积极融入党委统一领导、政府组织落实、信访部门推动、各方齐抓共管的信访工作格局，以高度的政治自觉做好执行信访工作。坚持以人民为中心，践行党的群众路线，把为民解难作为工作的出发点和落脚点，耐心细致做好执行信访案件办理和来访接待工作，及时回应群众合法合理诉求，以群众能否在执行信访案件中感受到公平正义为根本评判标准。《意见》提出，以全面提升执行信访工作法治化为总体目标，全面贯彻《信访工作条例》，依法解决群众合理合法诉求，妥善化解执行信访矛盾纠纷，不断提升人民法院执行信访工作法治化水平，为国家治理体系和治理能力现代化提供法治保障。围绕“控增量、减存量、防变量”，压实信访工作责任，健全信访工作机制，确保执行信访工作依法依规规范运行，推动执行信访实质化解，切实维护人民群众合法权益。聚焦执行信访工作基础薄弱环节，压实责任，积极作为，迎难而上，通过法治手段妥善化解执行信访矛盾纠纷，不断提升人民法院执行信访工作法治化水平。

三、关于方法路径

（一）全面落实有信必复

始终从厚植党的执政根基的高度认识和做好有信必复工作，进一步增强办信工作的思想自觉、政治自觉和行动自觉。加强统筹协调，层层压实责任，坚持有信必录、有录必全，确保信件签收、转办、交办各环节顺畅衔接，回复、答复各阶段有序推进。各级法院办信工作人员要规范高效办理群众来信，认真回应群众诉求，杜绝程序空转，以高质量有信必复实现事心双解。《意见》要求，加强执行信访窗口建设，设立执行申诉来访接待窗口，也可以依托诉讼服务中心设立执行申诉来访接待窗口，公布执行申诉来信邮寄地址，接收群众反映执行工作的信访材料，根据《人民法院办理群众来信工作规定》进行办理。《意见》要求，充分运用信息化、智能化手段向信访人告知来信收到、由谁在办，及时向信访人回复受理情况。属于本院办理的，及时告知信访人受理情况；属于下级人民法院办理范围的，及时告知信访人交办、转办情况；对不属于人民法院办理范围的，及时告知信访人按照有关规定向有权处理的机关提出。

（二）贯彻实行分级分类

长期以来，执行信访采取交办方式办理，此举对于确保办理质量、加强信访管理、推动矛盾化解发挥了重要作用。但是，随着信访量的快速增长，交办模式逐渐暴露出程序空转、办理周期长、易引发重复访多头访等问题。为贯彻落实党中央关于信访工作“属地管理、分级负责”原则，进一步优化信访件办理机制，压实各级法院主体责任，提升信访矛盾化解质效，在河北等五省开展转办工作试点的基础上，《意见》规定了转办机制。对于转办的信访件，压紧压实高院统筹协调责任，充分发挥地方各级法院在本辖区内熟悉情况、便于协调资源的优势，最高人民法院执行局不再进行核销审查。最高人民法院执行局将集中精力处理重大疑难复杂、重复访、进京访等信访案件，切实将这些案件抓在手上，进一步严格核销标准，着力推动矛盾纠纷实质化解。通过“一收一放”，建立健全执行信访案件分流机制，推动形成“属地受理、分级化解、上下联动”的工作闭环。

（三）不断深化诉访分离

坚持运用法治思维和法治方式开展执行信访工作，提升法律框架内解决执行信访问题的能力水平，对信访人能够通过相关法律及司法解释予以救济的信访事项，引导并告知其通过法律程序申请，对属于审判程序、国家赔偿程序处理的范畴，告知其通过相应程序寻求救济。强化信访监督纠错功能，建立定期评查与随时评查相结合的工作机制，对当事人诉讼程序已经穷尽但仍反复信访的，可以自行评查、交叉评查或者由上级法院组织评查。评查采用合议制，必要时可以联合多层级、多部门进行听证或者邀请社会第三方参与。统筹推进信访、调解、诉讼工作，可以调解的尽可能调解，充分发挥多元化纠纷解决机制作用，广泛邀请人大代表、政协委员、律师、专家学者、心理咨询师、基层法律工作者等第三方社会力量参与执行信访化解。完善线上线下参与机制，并将社会第三方参与范围拓展到接待、化解、评查、终结等各个环节。《意见》规定，对于不符合上述条件无法纳入法律程序救济的信访案件，经甄别发现确有错误的，应当提请院长通过审判监督程序作为执行监督案件立案审查。

（四）着力推进实质化解

相当数量的进京访信件是重复访，个别法院初访办理不到位，后续矛盾化解不够有力，人民群众不满意，也耗费了宝贵的司法资源。要坚决防止推诿敷衍和搞形式主义，防止程序空转，特别是坚决杜绝为了数据好看而弄虚作假，没有实质化解的虚假报结，没有真正发挥司法纠错功能，仅仅是为了报结而“走过场”。最高人民法院执行局已经组织开展实质化解执行信访攻坚活动，攻坚范围是涉民生和农民工工资、涉中小微民营企业、标的额为 5 万元以下的执行信访案件，集中力量推动矛盾纠纷实质化解，切实解决一批人民群众反映强烈的堵点、难点问题。《意见》要求，健全完善执行重点信访案件化解机制，对于反复重复信访、长年无法执行、经转办交办仍无法取得实质进展的信访案件，探索通过交叉执行手段，着力推动重点执行信访积案化解。经交叉执行，发现原执行法院和执行干警存在消极执行、拖延执行和执行违纪违法问题的，应当通报批评，按照规定在绩效考核等方面予以体现，并依规依纪依法追究相关责任。各级人民法院应当定期对辖区执行信访情况进行分析研判，及时梳理执行信访反映强烈的重点难点问题，发挥执行信访预警和评估机制的作用，通过执行信访办理及时发现前端审判和执行工作中存在的突出问题，并提出完善和改进工作的意见建议，为审判和执行工作提供参考，切实加强执行信访访源治理。

（五）严格落实风险防控

严密排查风险隐患，落实“化解矛盾风险、维护社会稳定”专项治理任务要求，及时发现突出矛盾风险，分清性质、明确管辖，针对性开展化解稳控工作，进一步营造安全稳定的政治和社会环境。确保不发生大规模进京集体上访和聚集，不发生因执行信访问题引发的重大群体性事件，不发生因工作不到位而引发的负面炒作。巩固提升信访案件化解效果，对已经化解的事项，适时加强跟踪回访，进一步消减涉执信访存量，减少矛盾积累、信访上行。稳慎开展执行信访终结工作。《意见》要求，执行信访事项终结，应当严格落实“合理诉求解决到位、违法违纪责任追究到位、释法明理教育疏导到位、生活困难帮扶救助到位”的审查标准，做到事实清楚、证据充分、定性准确、程序规范、档案完备，严禁将不符合规定的信访事项进行终结。严格把“五化”“四到位”落到实处，对于确有错误的坚决依法纠正，对执行行为并无不当的，该终结的依法终结，维护司法权威和法治尊严。

（六）切实加强监督管理

根据四级法院职能定位和信访分级分类工作要求，最高人民法院重点加强对各级人民法院执行信访工作的监督、管理、指导，各高级人民法院主要负责辖区执行信访工作的统筹协调指导和整体监督管理等工作，中级人民法院应当加强“三统一”管理，和基层人民法院共同承担办理执行信访案件的责任，引导人民群众依法理性反映诉求、维护权益，做实信访案件问题源头处置，及时有效将信访矛盾吸附化解于当地。《意见》明确，上级法院将加强辖区法院执行信访办理情况的督办检查并及时进行通报，发现下级法院在执行信访中存在接访即办、“有信必复”落实不到位，越级访、重复访治理不力，弄虚作假、无正当理由拒不执行督办意见等问题的，将对相关法院和人员进行通报批评，对直接负责的主管人员和其他直接责任人员进行约谈，提出整改要求。对于造成严重后果或者恶劣负面影响的，将依纪依规严肃追责问责。上级法院在办理执行信访过程中，发现下级法院或执行人员在执行信访案件办理中存在问题或执行人员涉嫌违纪违法的，可以作为线索并按照相关规定启动“一案双查”工作机制。

推进执行信访工作法治化任务艰巨、使命光荣。全国法院执行条线将更加紧密地团结在以习近平同志为核心的党中央周围，真抓实干，埋头苦干，努力推动人民法院执行信访工作再上新台阶，更好服务保障平安中国、法治中国建设，为国家治理体系和治理能力现代化提供有力法治保障。

【最高人民法院执行局法官会议纪要】

执行程序中采矿权与矿区其他资产整体抑或单独拍卖的审查判断

（2025 年第 3 次法官会议纪要）

马 岚* 盛 强**

【基本案情】

某高级人民法院在执行申请执行人 A 公司与被执行人 B 煤矿公证债权文书一案过程中，裁定拍卖被执行人 B 煤矿名下对 A 公司设定抵押的煤矿采矿权。委托评估后，某高级人民法院两次在淘宝网司法拍卖平台拍卖案涉煤矿采矿权，均因无人竞买而流拍。后某高级人民法院作出以物抵债执行裁定，裁定将案涉煤矿采矿权交付申请执行人 A 公司抵偿本案部分债务，抵债金额为 9000 余万元。

B 煤矿提出执行异议，请求撤销以物抵债裁定，另行委托评估机构对案涉煤矿采矿权和矿区其他生产经营性资产（井下工程、房屋建筑、机械设备、几十亩生产场地等资产）价值进行重新评估。事实和理由之一：某高级人民法院将案涉煤矿采矿权单独处置违法，评估处置财产范

* 最高人民法院执行局复议监督室主任、二级高级法官。
** 最高人民法院执行局二级高级法官助理。

围应包含煤矿采矿权和矿区其他生产经营性资产。某高级人民法院审查后，裁定驳回B煤矿的异议请求。B煤矿不服，向最高人民法院申请复议。

【法律问题】

人民法院在金钱债权执行中能否单独拍卖采矿权。

【不同观点】

第一种观点认为，采矿权属于财产权、用益物权，有独立财产价值，《矿产资源法》等法律法规及司法解释并未限制采矿权单独转让，人民法院在执行程序中可以单独拍卖采矿权。

第二种观点认为，采矿权能否单独拍卖，应根据《最高人民法院关于人民法院民事执行中拍卖、变卖财产的规定》第15条规定的精神，结合案件具体情况加以综合判断。除有特殊情况外，采矿权与煤矿配套设施、设备等应以整体拍卖为原则，单独拍卖为例外。

【法官会议意见】

最高人民法院执行局法官会议采纳第二种观点，即采矿权与矿区其他资产应以整体拍卖为原则，单独拍卖为例外。关于采矿权与矿区其他资产整体抑或单独拍卖的问题，现行法律法规和司法解释等并未作出相关规定，人民法院应根据《最高人民法院关于人民法院民事执行中拍卖、变卖财产的规定》第15条规定的精神，结合拍卖标的物具体情况加以综合判断，如采矿权与矿区其他资产在使用上不可分，或分别拍卖可能严重减损其价值的，原则上应整体拍卖。但个别案件有特殊情况，采矿权与矿区其他资产在使用上具有可分性，或分开处置不影响财产价值的，可以分别处置。

具体到本案中，无证据表明矿区其他资产存在价值明显过低、已被另案查封处置、使用上明显可与煤矿相分离等特殊因素，某高级人民法院仅依据申请执行人 A 公司的申请而单独评估和拍卖案涉煤矿采矿权，严重影响了煤矿采矿权和矿区其他资产的整体有效利用，违反了《最高人民法院关于人民法院民事执行中拍卖、变卖财产的规定》第 15 条的规定，故相关拍卖裁定和以物抵债裁定应予撤销。

【意见阐释】

采矿权是执行程序中较为常见的财产权。实践中，各地法院对于能否单独拍卖采矿权问题有不同认识，处理规则也不尽统一，影响司法权威和司法公信力，也影响当事人合法权益的平衡保护，有必要作进一步厘清和明确。

一、在被执行人有多项财产可供执行的情况下，人民法院处置财产的一般规则

分析采矿权与矿区其他资产整体抑或单独拍卖问题前，首先需要对多项财产的一般处置规则加以明确，以便对相应规则作整体掌握。

执行程序中，人民法院时常面临被执行人名下有多项财产可供执行的情况。在财产种类多样、处置变现难易程度区别大的情况下，人民法院可否任意选择某一项或某几项财产进行处置，而不必考虑财产种类、执行顺序等问题？答案显然是否定的。在此情形下，人民法院应兼顾保障申请执行人及时实现胜诉权益以及执行措施对被执行人的不利影响，根据法律规定并结合案件实际，综合考虑被执行财产的权利负担、执行的便利性和经济性问题，尽可能选择对被执行人生产生活影响较小且方便执行的财产执行，此系依法规范和善意文明执行理念的具体贯彻体现。对此，《最高人民法院关于在执行工作中进一步强化善意文明执行理念的意见》第 3 条“被执行人有多项财产可供执行的，人民法院应选择对被执行人生产生活影响较小且方便执行的财产执行”，《最高人民法院关于加强立审执协调配合推动矛盾纠纷执前化解的工作指引》第 23 条“执行部门应合理选择执行财产，灵活采取查封措施，充分发挥查封财产融资

功能，严禁超标的查封和乱查封”等相关规定，均体现了此种执行理念。

在确定了执行财产种类和顺序后，后续面临的是财产处置具体方式的选择问题，即对多项财产应单独还是整体处置。对此，结合《最高人民法院关于人民法院民事执行中拍卖、变卖财产的规定》第14条、第15条①和《最高人民法院关于在执行工作中进一步强化善意文明执行理念的意见》第11条②等相关规定看，人民法院在拍卖被执行人多项独立存在的财产时，原则上应分别拍卖，并以所得价款足以清偿债务和支付执行费用为限，对剩余财产应停止拍卖，但被执行人同意全部拍卖的除外。例外情形是，多项财产在使用上不可分，或分别拍卖可能严重减损其价值的，应整体拍卖。同一类型执行财产数量较多，分批次或整体变价能够最大限度实现其价值的情况下，被执行人关于分批次或整体变价的主张一般应予准许。以上例外规定的目的是一致的，即尽可能维护各方当事人合法权益，客观真实反映财产价值，实现财产价值最大化，避免因分别拍卖影响财产整体价值，损害被执行人和申请执行的债权人利益。故概括而言，对多项财产的处置，一般应以单独拍卖为原则，整体拍卖为例外。

二、人民法院处置采矿权时的方式选择

在多项财产处置以单独拍卖为原则、整体拍卖为例外的规则下，人民法院决定单独或整体拍卖的考量因素主要有两个：一是多项财产在使用上是否具有可分性；二是分开拍卖是否可能严重减损财产价值。基于

① 《最高人民法院关于人民法院民事执行中拍卖、变卖财产的规定》第14条规定：“拍卖多项财产时，其中部分财产卖得的价款足以清偿债务和支付被执行人应当负担的费用的，对剩余的财产应当停止拍卖，但被执行人同意全部拍卖的除外。”第15条规定：“拍卖的多项财产在使用上不可分，或者分别拍卖可能严重减损其价值的，应当合并拍卖。”

② 《最高人民法院关于在执行工作中进一步强化善意文明执行理念的意见》第11条规定：“最大限度实现财产真实价值。同一类型的执行财产数量较多，被执行人认为分批次变价或者整体变价能够最大限度实现其价值的，人民法院可以准许。尤其是对体量较大的整栋整层楼盘、连片商铺或别墅等不动产，已经分割登记或事后可以分割登记的，被执行人认为分批次变价能够实现不动产最大价值的，一般应当准许。多项财产分别变价时，其中部分财产变价款足以清偿债务的，应当停止变价剩余财产，但被执行人同意全部变价的除外。”

拍卖财产的多样性和具体案件事实的区别性因素，难以一概而论，应根据《最高人民法院关于人民法院民事执行中拍卖、变卖财产的规定》第15条规定的精神，结合拍卖标的物具体情况加以综合判断。具体到采矿权拍卖问题上，虽然我国现行法律法规和司法解释等并未对采矿权单独转让作出限制性规定，但一般而言，除有特殊因素外，只要采矿权与矿区其他资产分开拍卖可能影响二者整体有效使用，或可能严重减损财产价值，或整体拍卖可以显著增加成交金额、有效提高溢价率，就应尽可能作整体拍卖。具体原因在于：

一是从采矿权性质上看。在我国法律层面上，采矿权的概念最早出现在1986年施行的《矿产资源法》中，该法第3条第3款规定，“开采矿产资源，必须依法申请取得采矿权”。依照1994年施行的《矿产资源法实施细则》第6条的规定，所谓采矿权，是指在依法取得的采矿许可证规定的范围内，开采矿产资源和获得所开采的矿产品的权利。2000年施行的《矿业权出让转让管理暂行规定》第3条进一步明确，“探矿权、采矿权为财产权，统称为矿业权，适用于不动产法律法规的调整原则。依法取得矿业权的自然人、法人或其他经济组织称为矿业权人。矿业权人依法对其矿业权享有占有、使用、收益和处分权”。此外，《民法典》第329条规定，“依法取得的探矿权、采矿权、取水权和使用水域、滩涂从事养殖、捕捞的权利受法律保护”。从该条规定所属编目看，处在《民法典》物权编第三分编即“用益物权”编，“由此，在我国现行法律框架内，探矿权、采矿权是一种矿产资源用益物权，但其设立须经政府审批、行政许可，具有强烈的公法属性，作为矿业权物权凭证的矿产资源勘查许可证和采矿许可证，同时亦是国土资源主管部门作出行政许可的法律文书。由此，矿业权兼具民事物权和行政许可的双重属性”。[①] 基于以上分析可知，采矿权兼具财产权和用益物权双重属性，从用益物权的性质上看，其是以占有权能为前提，以使用、收益权能为核心和目的，

① 最高人民法院民法典贯彻实施工作领导小组编著：《中国民法典适用大全·物权卷》，人民法院出版社2022年版，第895~897页。

脱离不开对矿区其他实物资产的有效利用。

二是从采矿权与矿区其他资产是否具有可分性上看。由于矿产资源一般深埋地下、开采不易等现实情况，采矿权要得以实现，通常需要矿山企业投入大量人力、物力和财力用于修建厂房、挖掘巷道、购买所需机械设备等必要资产，而这些资产往往具有较强的专用性，有相当一部分更是专项定制用于特定矿区生产，这就导致采矿权与矿区其他资产在使用上一般具有不可分割的关系。概言之，一般情况下，采矿权要得以实现，必然要依托于矿区的地下巷道、机械设备等其他实体资产，否则无法单独实现。进言之，执行程序中将采矿权与矿区其他资产整体处置，既符合一般交易规则，可以提高采矿权与矿区其他资产的整体价值，也有利于买受人取得采矿权后的顺利投产经营。如人民法院将采矿权与矿区其他资产分别拍卖，买受人仅取得采矿权，将人为导致采矿权与矿区其他资产出现权属分离。而未经矿区其他资产所有权人同意，买受人又无权无偿使用矿区其他资产，后续不可避免会面临两难境地：（1）如买受人不使用矿区其他资产，其竞得的采矿权则难以实现，再新建井巷工程、购买机械设备，不仅投资成本大幅增加，能否建成也存在不确定性，还可能与矿区其他资产所有权人产生权利冲突，比如新巷道挖掘过程中可能破坏旧巷道等，即便建成亦是明显的资源浪费。（2）如买受人未经他人准许擅自使用矿区其他资产，则将侵害该他人的合法权益，容易引发新的纠纷。即便买受人再行单独转让采矿权，后手受让人亦不可避免面临上述困境。

三是从采矿权与矿区其他资产分开处置是否可能严重减损财产价值上看。将采矿权与矿区其他资产整体拍卖，从整体利用角度而言，不仅更容易促进拍卖成交，还能够实现各项财产价值的最大化。退一步讲，即便采矿权单独拍卖成交，因未与矿区其他资产一并评估拍卖，其评估价值、拍卖成交价可能与实际价值严重不符。更为关键的是，采矿权单独拍卖后，矿区其他资产将无法得到有效利用，可以预见有两种后果：第一种是当作“废弃物”处理，将矿区其他资产强行拆除搬离，此情形下，一则客观上难以处置，比如井巷工程拆除难度大，也易影响矿区后续安全生产；二则拆除后的矿区其他资产价值更将严重贬损。第二种是以“白菜价”成交。在后续处置过程中，矿区其他资产极易产生流拍的后果，大概率会由已取得采矿权的买受人以流拍价低价取得，损害矿区其他资产所有权人合法权益。即便后续由买受人之外的其他主体竞得，也将会产生采矿权与矿区其他资产由不同权利主体所有的后果，更易引发新矛盾。

需要进一步指出的是，本次法官会议根据本案案情，确定了采矿权与矿区其他资产应整体拍卖的一般处置规则，而实践中必然存在一些例外情形，应本着实事求是的原则加以处理。例如，其一，采矿权与矿区其他资产在使用上具有可分性，分开拍卖不影响财产价值利用。比如对于一些露天煤矿、河道采砂等，不挖掘巷道等亦可实现矿产资源开采利用之目的，不影响采矿权的利用实现。其二，经评估发现矿区其他资产价值明显较低，分别拍卖不会导致采矿权和矿区其他资产价值严重贬损。其三，采矿权与矿区其他资产分属于不同权利人。比如最高人民法院（2024）最高法执监 362 号执行裁定认为，本案中，案涉采矿权和股权分属于不同主体，是各自独立的财产，均可作为执行标的。上述采矿权和股权在使用上不存在不可分离的关系，分别拍卖也不会严重减损财产价值。例外情形不一而足，应在充分考量采矿权与矿区其他资产财产属性、价值影响等因素基础上，结合具体案件事实加以判断。

【最高人民法院案例解析】

陆某军与三亚卓某房地产开发有限公司执行监督案

——合同继续履行类判决执行不能的处理方式

仲伟珩* 魏 丹**

【裁判摘要】

1. 生效判决确认合同有效，继续履行，但对履行内容没有明确，合同也无明确约定的，需另行对履行内容进行确认。而由原生效法律文书作出部门作出解释，属于未经审判即对当事人之间的重大争议加以裁判，剥夺了当事人的诉权，由执行部门在执行程序中进行裁断，则超越生效判决既判力范围，违背审执分离的原则，剥夺当事人针对实体争议的合法救济权利。故当事人之间争议的履行内容应通过审判程序在查明事实的基础上进行判断。

2. 在当事人诉讼请求仅为确认合同有效、继续履行的情况下，生效判决予以确认，而对于当事人之间关于给付内容的争议则属于新的争议事实，未进行实体审理，故生效判决不存在“遗漏或者超出诉讼请求”这一需要予以纠正的情况。此种情形下，应当在执行程序中向当事人释明，可就当事人继续履行内容的争议提起新的实体诉讼，而不能通过启

* 最高人民法院执行局二级高级法官。

** 最高人民法院执行局一级高级法官助理。

动审判监督程序进行解决。

【简要案情】

海南省三亚市中级人民法院审理的陆某军与卓某房地产开发公司房屋买卖合同纠纷一案，原告陆某军请求确认卓某房地产开发公司与其于 2018 年 3 月 8 日签订的协议书合法有效，判决卓某房地产开发公司继续履行。三亚市中级人民法院审理查明，2018 年 3 月 8 日，卓某房地产开发公司（甲方）与陆某军（乙方）签订协议书约定：卓某房地产开发公司将其所有的某商业街一号房产及土地转让给陆某军。标的、价款的具体内容如下：（1）房产位置：某商业街一号，原规划报建名称为学生活动中心，位于三亚市迎宾路、卓达巷、古榕巷、东方巴哈马酒店西侧路之间。（2）房产建筑面积 2059.61 平方米，最终以规划及房产权属登记部门出具的不动产登记证认定为准；若认定面积与暂定面积不同，本协议书约定单价多退少补。（3）房产单价 35971.06 元/平方米，房款总额为 74086350 元，地上树木等附着物不再另行计费。陆某军已按协议约定的付款方式向卓某房地产开发公司支付 7000 万元，但卓某房地产开发公司拒绝向其交付房产。还查明，案涉房产系卓某房地产开发公司根据三亚市规划局三规工审字〔2004〕24 号《关于三亚卓某房地产开发公司兴建卓某旅游学院学生活动中心工程的审批意见》在土地房屋权证号为三土房〔2006〕字第 0816 号（该土地证系卓某房地产开发公司于 2006 年 3 月 28 日取得，该证载明土地用途为住宅用地，使用权类型为出让，使用面积为 151603.07 平方米）地块上兴建的卓某旅游学院学生活动中心。2018 年 8 月 8 日，三亚市中级人民法院作出（2018）琼 02 民初 55 号判决：确认卓某房地产开发公司与陆某军于 2018 年 3 月 8 日签订的协议书合法有效，继续履行。该判决生效后，因卓某房地产开发公司未履行生效判决确定的义务，陆某军向该院申请强制执行。

三亚市中级人民法院执行局就（2018）琼 02 民初 55 号判决的具体执行内容征求该院审判部门意见。审判部门于 2019 年 8 月 12 日第一次作出复函，称本案应继续履行的内容为：（1）陆某军已于2018年3月16日向卓某房地产开发公司支付购买案涉房产房款7000万元，卓某房地产开发公司应于2018年5月16日前与陆某军网签案涉房屋买卖合同；（2）卓某房地产开发公司与陆某军网签后7日内，陆某军向卓某房地产开发公司支付剩余房款4086350元；（3）本案民事判决已发生法律效力，卓某房地产开发公司拒不履行生效判决，陆某军申请强制执行符合法律规定。

2019年12月11日，三亚市中级人民法院执行局作出（2019）琼02执356号裁定：将被执行人卓某房地产开发公司开发建设的位于三亚市吉阳区迎宾路某商业街一号101房2059.61平方米房产及分摊土地使用权（在三土房〔2006〕字第0816号土地房屋权证所载范围内）过户登记到申请执行人（购房人）陆某军名下。三亚市中级人民法院同时向房管部门发出协助执行通知书。

2020年4月3日，三亚市中级人民法院收到三亚市自然资源和规划局《关于明确三亚某商业街一号项目101号房土地过户面积的函》。2020年4月16日，三亚市中级人民法院召集双方当事人作了执行笔录，卓某房地产开发公司提交申请函，并附有建设工程竣工规划核实合格证、《某商业街一号竣工测绘图》、《宗地图》。申请函的主要内容为：为能尽快实现某商业街一号项目的整体出售并完成过户，特申请法院依据三亚市自然资源和规划局出具的规划工程竣工规划核实合格证内容执行办理该项目的过户；并向三亚市中级人民法院明确协议书标的是某商业街一号项目整体出售，某商业街一号项目（原规划报建名称为学生活动中心）位于三亚市迎宾路、卓达巷、古榕巷、东方巴哈马酒店西侧路之间，房屋规划建筑面积为2059.61平方米，建筑占地面积为1222.32平方米，规划用地面积为11770平方米（三亚市国土局测绘中心提供的某商业街一号竣工图用地边线范围）。陆某军的委托代理人付某、卓某房地产开发公司报建办经理许某在执行笔录中签字确认。

三亚市中级人民法院执行局再次就本案执行内容征求该院审判部门意见。审判部门于2020年4月22日第二次复函：（1）（2018）琼02民初55号判决已发生法律效力，卓某房地产开发公司和陆某军应遵照双方签订的协议书继续履行。（2）本案执行过程中，卓某房地产开发公司于2019年4月26日向三亚市不动产登记中心发出《关于某商业街一号项目整体出售需办理不动产证的申请函》，于2019年9月21日向执行局提交《关于某商业街一号项目整体出售后需办理过户的申请函》，该两份函均明确双方签订的协议书出售的标的物是某商业街一号项目整体，陆某军亦确认其购买的是某商业街一号项目整体。故，执行标的物为某商业街一号项目整体即房屋规划面积为2059.61平方米，建筑占地面积为1222.32平方米，规划用地面积为11770平方米（三亚市国土局测绘中心提供的某商业街一号竣工图用地边线范围），土地使用年限为70年。

2020年8月6日，三亚市中级人民法院作出（2019）琼02执356号之一裁定，将（2019）琼02执356号裁定中正文第4页第7行的“分摊土地使用权”更正为“项目用地土地使用权（面积11770平方米）”。

卓某房地产开发公司对（2019）琼02执356号之一裁定不服，向三亚市中级人民法院提出异议。三亚市中级人民法院于2021年3月9日作出（2021）琼02执异21号裁定，驳回卓某房地产开发公司的异议请求。卓某房地产开发公司不服，向海南省高级人民法院申请复议。海南省高级人民法院经审查于2021年6月4作出（2021）琼执复128号裁定，支持卓某房地产开发公司的请求。

申请执行人陆某军不服海南省高级人民法院复议裁定，向最高人民法院申诉，请求撤销海南省高级人民法院复议裁定。

【案件焦点】

1. 三亚市中级人民法院能否在执行程序中直接强制执行案涉房地产。
2. 如不能强制执行，当事人应通过何种途径进行救济。

【裁判结果】

最高人民法院经审查认为，生效民事判决确认卓某房地产开发公司与陆某军签订的协议书合法有效，继续履行。协议书约定卓某房地产开发公司将其所有的案涉房产及土地转让给陆某军，陆某军支付一定数额购房款，并约定房产位置、建筑面积和房屋价款等内容，故对于该房屋买卖合同，一方交钱、一方交房的履行内容具体明确，当事人不履行协议约定的交钱或交房义务的，即未按照生效民事判决继续履行合同。一方不履行合同约定的义务，另一方有权申请强制执行。但协议书中未对案涉房屋所涉及的土地使用权过户内容进行约定，卓某房地产开发公司和陆某军对案涉房屋土地使用权是“分摊土地使用权”，还是“项目用地土地使用权（面积11770平方米）”存在争议，生效民事判决亦没有对此进行审查认定。

在执行依据并未明确、协议书也无明确约定的情况下，三亚市中级人民法院裁定将项目用地土地使用权（面积11770平方米）过户登记到申请执行人陆某军名下，超出了生效民事判决和协议书确定的范围，依法应予撤销。虽然卓某房地产开发公司在执行过程中曾作出同意陆某军关于案涉房产及土地使用权整体过户的执行请求的意思表示，但因并非生效判决确认的内容，且该意思表示已经超出生效判决判项和当事人之间协议约定的范围，非经审判不能发生强制执行力。当事人之间的实体争议可依法通过另行提起诉讼解决。故陆某军的申诉请求理据不足，应予驳回，海南省高级人民法院的复议裁定应予维持。

【裁判摘要评析】

关于继续履行合同类判决是否具有强制执行力问题，审判和执行领域一直存在分歧。2015年《最高人民法院关于适用〈中华人民共和国民事诉讼法〉的解释》（以下简称《民事诉讼法解释》）第463条[①]第2款对此作出明确规定，即法律文书确定继续履行合同的，应当明确继续履行的具体内容。因此，司法解释明确继续履行合同类判决在履行内容明

① 2022年《民事诉讼法解释》修正后，本条变更为第461条。以下同。

确具体的情况下，具有强制执行力。但是，上述司法解释并未规定法律文书确定继续履行合同的履行内容并不具体明确时如何处理。实践中对此存在不同认识和做法。

本案中三亚市中级人民法院和海南省高级人民法院的不同做法即是实践中非常典型的两种处理思路。笔者以本案为基础，通过厘清本案合同履行判决是否具有强制执行力、应当如何执行该判决以及不能执行情形下的救济途径等问题，进一步探讨此类案件的执行方式。

一、本案中的继续履行合同判决具有强制执行力

《最高人民法院关于人民法院执行工作若干问题的规定（试行）》第 16 条第 1 款第 3 项规定“申请执行的法律文书有给付内容，且执行标的和被执行人明确”。在很长一段时期内，普遍认为只有给付判决具有给付内容，才可以强制执行，而确认之诉判决没有执行内容，此类判决应当由当事人自行履行。[①] 一方面，上述司法解释并未规定确认之诉的生效判决不能执行，而是规定了生效法律文书具备强制执行效力的条件；另一方面，确认之诉是通过审判程序对当事人之间的法律关系是否存在、权利义务关系的分配进行确认，如果判决仅仅是确认权利，则不具有可执行内容，如果判决确认的法律关系中包括给付义务，则符合执行依据具有给付内容的要求，在一方当事人不履行生效法律文书的情况下，需要通过执行程序来强制执行。[②]

2015 年 2 月 4 日起实施的《民事诉讼法解释》第 463 条规定：“当事人申请人民法院执行的生效法律文书应当具备下列条件：（一）权利义务主体明确；（二）给付内容明确。法律文书确定继续履行合同的，应当明确继续履行的具体内容。”对于确定继续履行合同的判决，司法解释首次明确规定了可以强制执行，但法律文书应当对履行内容进行确认，即在一方当事人不履行生效判决，另一方当事人申请强制执行的情况下，使

① 黄金龙、葛洪涛：《继续履行合同类判决的执行问题》，载《法律适用》2011 年第 12 期。
② 黄金龙、葛洪涛：《继续履行合同类判决的执行问题》，载《法律适用》2011 年第 12 期。

强制执行的内容明确清晰。

本案中，双方当事人就陆某军购买卓某房地产开发公司开发的案涉房产签订协议书，约定陆某军支付一定数额的购房款，卓某房地产开发公司负责为陆某军办理网签并交付该房产，协议约定了房产位置、房产建筑面积和房屋价款等内容，该协议书经三亚市中级人民法院判决，合同有效，继续履行。

从双方协议的内容来看，此为房屋买卖合同，就此而言，一方交付房款、一方交付特定房产的履行内容是明确的，即双方当事人均负有相应给付义务。生效法律文书确认合同有效、继续履行的同时，也当然确认了双方应承担的给付义务。因此，在陆某军支付了房款，而卓某房地产开发公司没有交付房产的情况下，陆某军有权向人民法院申请强制执行，人民法院应当立案执行。

二、合同继续履行内容不明确情况下的处理方式

对于判决确认当事人各方负有相应给付义务的合同履行类判决，虽然此类生效判决具有强制执行力和可执行性，但在具体履行内容、履行方式不具体明确的情况下，执行机构予以强制执行仍然存在障碍。执行机构能否对判决主文作出解释，解释的范围和限度如何把握等，是实践中存在较大争议的问题。

执行的给付内容应当在判决中予以明确。对于已经进入执行程序的案件，如果发现执行依据内容不明确，当事人之间有争议的，究竟应如何处理，现行法律和司法解释没有明确规定。

如本案情形，生效判决虽然确认了双方合同约定的房屋买卖合法有效，但生效判决和当事人约定中均未对土地使用权问题进行明确。根据“房地一体”原则，在强制执行房产之时，与之对应的土地使用权应一并执行，而双方对于案涉房屋的土地使用权是分摊土地使用权还是项目用地土地使用权存在争议，如果要对案涉房产强制过户，需首先解决土地使用权范围问题。此一争议在现有合同及生效判决中均未涉及，这导致

生效判决暂无法执行。

审判实践中，对于执行依据不明确的情况，主要有以下几种做法。

第一，直接驳回执行申请。其依据是申请执行不符合《最高人民法院关于人民法院执行工作若干问题的规定（试行）》第 16 条第 1 款第 3 项规定的执行标的必须明确的条件。但是此种做法过于武断，在执行生效判决过程中，执行部门不可避免地需要对判决内容进行明确，如果一律驳回执行申请，则不利于生效裁判的履行，损害司法公信力。

第二，对执行依据进行解释。对该做法存在两种观点。一种观点认为，应该由执行部门负责确定，因为此类判决主要需要判断双方义务及其次序、申请执行方是否已完成了己方的义务，此种判断属于执行部门法定的职能。① 有法院认为，根据法律文书对需要执行的内容作出判断是应有之责，具体执行内容应主要根据执行依据主文进行判断，必要时，应结合执行依据的其他部分，比如判决书的说理、当事人诉讼请求等内容综合判断。另一种观点认为，上述观点没有充分认识合同继续履行类判决的复杂性，执行人员不仅要判断双方合同的义务及其次序，有时还要填补合同漏洞、处理违约问题，这些都涉及实体权利的判断。如果在执行阶段处理这些问题，不仅会违背“审执分立”的原则，还可能会侵害当事人的实体权利。所以应要求审判部门对具体的执行内容作出解释。② 在执行依据不明确导致无法执行的情况下，执行部门也有权要求执行依据作出部门对执行依据予以明确。就此而言，由审判部门对执行依

① 黄金龙、葛洪涛：《继续履行合同类判决的执行问题》，载《法律适用》2011 年第 12 期。

② 参见《最高人民法院关于人民法院立案、审判与执行工作协调运行的意见》第 15 条规定：执行机构发现本院作出的生效法律文书执行内容不明确的，应书面征询审判部门的意见。审判部门应在 15 日内作出书面答复或者裁定予以补正。审判部门未及时答复或者不予答复的，执行机构可层报院长督促审判部门答复。执行内容不明确的生效法律文书是上级法院作出的，执行法院的执行机构应当层报上级法院执行机构，由上级法院执行机构向审判部门征询意见。审判部门应在 15 日内作出书面答复或者裁定予以补正。上级法院的审判部门未及时答复或者不予答复的，上级法院执行机构层报院长督促审判部门答复。执行内容不明确的生效法律文书是其他法院作出的，执行法院的执行机构可以向作出生效法律文书的法院执行机构发函，由该法院执行机构向审判部门征询意见。审判部门应在 15 日内作出书面答复或者裁定予以补正。审判部门未及时答复或者不予答复的，作出生效法律文书的法院执行机构层报院长督促审判部门答复。

据进行释明，是在执行依据确认的权利义务关系的基础上进一步明确，以便于执行程序进一步采取执行措施，而不是对执行依据的变更，更不是通过释明对当事人争议作出裁判。

第三，由当事人补充约定。《民法典》规定了合同当事人可以就合同约定不明的部分进行补充约定。合同的成立一般基于当事人的合意，对于当事人没有约定的内容，法律允许当事人进行补充约定，而不能由第三方包括人民法院进行必然性的确认。执行程序中发现继续履行的合同存在约定不明的，当然也可以在合同履行或执行过程中由当事人另行约定。对此，可以参照适用或适用《最高人民法院关于执行和解若干问题的规定》（2020 年修正，以下简称《执行和解规定》）第 1 条，即当事人可以自愿协商达成和解协议，依法变更生效法律文书确定的权利义务主体、履行标的、期限、地点和方式等内容。当事人对约定不明的部分补充约定，可以视为当事人就判决的履行义务达成和解，变更履行内容，但由于和解协议的内容未经审判程序确认，因此不具有强制执行效力，[①]而应由当事人自行履行，在继续履行过程中，如当事人双方再次产生争议，亦应参照对当事人执行和解协议的规定解决，而不能对当事人补充达成的协议强制执行。

第四，通过其他途径取得执行依据。如果原审判决存在遗漏诉讼请求或事实不清等符合再审审查的情形，应当对原判决进行再审重新确定执行依据；如果不存在再审情形，则对于执行内容不明确的情况，应当作为当事人新的争议内容另行诉讼解决。

结合本案情形，当事人诉求为判决合同有效、继续履行，法院在审判过程中也回应了当事人诉求，并最终判决合同有效，继续履行。在陆某军向人民法院申请强制执行后，作为执行部门，人民法院就要结合法律文书全文判断判决是否具有强制执行力以及执行内容。本案判决已经认定合同约定的双方当事人应继续履行交付价款和交付房产的义务，且

① 《执行和解规定》第 9 条规定："被执行人一方不履行执行和解协议的，申请执行人可以申请恢复执行原生效法律文书，也可以就履行执行和解协议向执行法院提起诉讼。"

双方当事人对合同约定的真实性均无争议，则执行程序中完全可以据此强制执行款项和强制交付房产。

在执行过程中，双方就案涉房屋所涉及的土地使用权是分摊土地使用权还是项目用地土地使用权产生了争议，三亚市中级人民法院选择向审判部门征求意见。但笔者认为，虽然审判部门有针对性地进行了回复，但审判部门系在本案执行依据并未明确、合同也无明确约定的情况下作出的新的认定，不属于对执行依据确定的权利义务关系进行释明，而更类似于是对执行依据作出变更。这一变更事项，是在双方当事人对此有重大争议而未经公开审理的情况下作出，剥夺了当事人的诉权和上诉权。故本案情形下，无法通过由审判部门进行释明的方式解决。

为解决矛盾争议，执行法院还积极采取了促成当事人和解的方式推进执行，并召集双方当事人作了执行笔录，卓某房地产开发公司项目经理许某向三亚市中级人民法院明确合同标的是某商业街一号项目整体出售，即转让的土地使用权面积为“项目用地使用权面积”。此节事实可以视为当事人对合同标的作出的补充约定或对履行标的达成和解。如在合同的后续履行中，卓某房地产开发公司自行履行了过户房产及相应土地使用权的义务，则当事人履行行为与生效判决并无冲突。但执行法院根据当事人的认可，采取了强制执行措施，并且在卓某房地产开发公司明确提出执行异议，否认该公司员工许某的代理权限及许某认可的事项之后，三亚市中级人民法院仍维持该院强制执行行为，对此，双方当事人对土地使用权范围这种继续履行的标的本身存在争议，即便执行程序对许某的代理身份予以认定，执行部门直接强制执行当事人补充约定的内容，也与《执行和解规定》不符。①

三、合同继续履行类判决执行不能的救济途径

生效法律文书不满足 2015 年《民事诉讼法解释》第 463 条第 2 款规

① 《执行和解规定》第 9 条规定：“被执行人一方不履行执行和解协议的，申请执行人可以申请恢复执行原生效法律文书，也可以就履行执行和解协议向执行法院提起诉讼。”

定情形的情况下，执行程序无法执行生效法律文书，目前也没有相应的救济规范。当申请执行人进入执行程序时发现判决已有既判力却没有执行力，使申请执行人的努力付之一炬，其权益也无法得到有效保障。①

结合本案例，笔者提出了几种判项不明而使生效判决能够履行的补救方式，如通过上述方法仍然不能明确继续履行内容，或者对于当事人继续履行的标的本身存在重大争议，则笔者认为只能通过第四种方式，即通过实体审理另行取得执行依据的途径，由审判部门在查明事实的基础上进一步明确。其中，原判决存在错误的，可以通过审判监督程序明确履行内容；不符合审判监督程序，属于当事人新的争议的，当事人可以另行提起新的诉讼重新确认权利义务。

第一，通过审判监督程序解决。启动审判监督的前提是人民法院作出的生效法律文书确有错误，包括判决错误、遗漏判项等情形，进而通过启动重新审理程序纠正前一程序的错误。

本案中，陆某军在实体判决中的诉讼请求为请求确认卓某房地产开发公司与其签订的合同合法有效，并判决继续履行，而三亚市中级人民法院经审理后支持陆某军的诉讼请求并判决确认双方合同合法有效，继续履行。就上述诉讼请求与实体判决的关系而言，人民法院在对案涉争议进行审理的基础上，判如所请，并未遗漏当事人的诉讼请求。且当事人在合同具体履行过程中的争议问题与实体判决并无冲突，故本案不存

① 彭丽娜：《合同类继续履行判项强制执行问题研究》，内蒙古大学2020年硕士学位论文。

在《民事诉讼法》(2021 年修正) 第 207 条[①]规定的应当启动再审程序的条件，特别是本案并不存在实体判决“遗漏或者超出诉讼请求的”需要予以纠正的情况，故本案情形并无通过审判监督程序救济的法律空间。

第二，由当事人另行提起诉讼程序解决。有观点提出，可以通过补充判决或类似制度对原判决进行补救，使判决文书执行力度得以完善。[②]笔者认为，“补充判决”的说法不一定准确。如果执行标的明确，则仅涉及对履行内容、方式、步骤等进一步明确，此时由审判部门进行释明即可，无须“判决”。如果执行标的不明确，原判决也没有对争议问题进行审理，此时争议问题未经审判，不得直接“补充判决”，否则便剥夺了当事人的诉权和上诉权，应当通过另行起诉方式解决。

如本案情形，虽然生效民事判决确认卓某房地产开发公司与陆某军签订的合同合法有效，并判决继续履行，形式上具有继续履行的给付内容，但是在本质上该判决应定位于“确认当事人之间的协议有效、当事人应按照协议履行”的确认判决，而非给付判决，因此其判决的既判力范围仅在于确认案涉协议书合法有效及所存在的给付内容合法有效。在该判决并未对当事人争议的土地使用权范围之继续履行内容进行审理和裁判的前提之下，原则上不能产生对这一履行内容的既判力。因此，在案涉执行依据对于土地使用权过户范围的争议并未进行实体审理，且本案已经发生法律效力进入执行程序的情况下，围绕本案继续履行内容的

① 《民事诉讼法》(2021 年修正) 第 207 条规定：“当事人的申请符合下列情形之一的，人民法院应当再审：(一) 有新的证据，足以推翻原判决、裁定的；(二) 原判决、裁定认定的基本事实缺乏证据证明的；(三) 原判决、裁定认定事实的主要证据是伪造的；(四) 原判决、裁定认定事实的主要证据未经质证的；(五) 对审理案件需要的主要证据，当事人因客观原因不能自行收集，书面申请人民法院调查收集，人民法院未调查收集的；(六) 原判决、裁定适用法律确有错误的；(七) 审判组织的组成不合法或者依法应当回避的审判人员没有回避的；(八) 无诉讼行为能力人未经法定代理人代为诉讼或者应当参加诉讼的当事人，因不能归责于本人或者其诉讼代理人的事由，未参加诉讼的；(九) 违反法律规定，剥夺当事人辩论权利的；(十) 未经传票传唤，缺席判决的；(十一) 原判决、裁定遗漏或者超出诉讼请求的；(十二) 据以作出原判决、裁定的法律文书被撤销或者变更的；(十三) 审判人员审理该案件时有贪污受贿，徇私舞弊，枉法裁判行为的。”《民事诉讼法》2023 年修正后，条文序号变更为第 211 条。

② 彭丽娜：《合同类继续履行判项强制执行问题研究》，内蒙古大学 2020 年硕士学位论文。

争议，属于新发生的实体争议，本案当事人可提起新的实体诉讼进一步确认。在本案诉讼对于当事人之间履行争议的实体内容并不产生既判力的情况下，如果本案当事人就本案所涉实体问题争议提起新的诉讼、请求明确继续履行内容，也并不违反一事不再理原则。

综上所述，在本案继续履行判决内容并不明确具体、当事人围绕案涉土地使用权产生重大争议的情况下，执行部门在执行程序中对当事人存在重大争议的案涉土地使用权进行解释并加以执行，与现行司法解释规定要求不符。就本案争议标的，当事人可向人民法院提起新的继续履行诉讼，请求通过实体审理解决所涉继续履行内容之争议。

【人民法院案例库案例选登】

王某与严某、聂某宝借款合同执行复议案①

——职工住房公积金专户内的个人住房公积金处置规则

【裁判要旨】

被执行人名下无住房，人民法院执行被执行人住房公积金时，在《住房公积金管理条例》规定的公积金提取条件满足前，一般不得直接采取扣划措施。

【关键词】

执行　执行复议案件　住房公积金　公共性质　专款专用　提取条件

【基本案情】

安徽省和县人民法院在执行王某与严某、聂某宝借款合同纠纷一案中，于 2022 年 8 月 5 日作出（2018）皖 0523 执 657 号执行裁定书和协助执行通知书，要求安徽省马鞍山市住房公积金管理中心和县管理部协助提取聂某宝名下公积金，但该管理部认为不符合提取条件未予协助。2022 年 8 月 16 日，和县人民法院作出（2018）皖 0523 执 657 号执行裁

① 入库编号：2024-17-5-202-058。

定书，扣划中国建设银行和县支行住房公积金管理专户中的聂某宝名下住房公积金人民币 269975 元（币种下同）。马鞍山市住房公积金管理中心和县管理部不服，提出书面异议。

经审理查明，被执行人聂某宝系安徽省和县某镇卫生院在职工作人员，其在马鞍山市住房公积金管理中心和县管理部处有公积金 269975 元，不符合《住房公积金管理条例》第 24 条规定的提取条件。此外，聂某宝名下无不动产、车辆、股票等可供执行的财产。

安徽省和县人民法院于 2022 年 8 月 29 日作出（2022）皖 0523 执异 111 号执行裁定，以异议不得对抗民事诉讼法为由，裁定驳回马鞍山市住房公积金管理中心和县管理部的异议请求。该管理部不服，向安徽省马鞍山市中级人民法院申请复议。安徽省马鞍山市中级人民法院于 2022 年 11 月 11 日作出（2022）皖 05 执复 76 号执行裁定：一、撤销和县人民法院（2022）皖 0523 执异 111 号执行裁定；二、撤销和县人民法院 2022 年 8 月 5 日（2018）皖 0523 执 657 号执行裁定及协助执行通知书；三、撤销和县人民法院 2022 年 8 月 16 日（2018）皖 0523 执 657 号执行裁定。

【裁判理由】

该案争议焦点为执行法院能否强制扣划被执行人聂某宝的住房公积金。

其一，从住房公积金的法律性质看，国务院制定的《住房公积金管理条例》第 3 条明确规定职工个人缴存的住房公积金和职工所在单位为职工缴存的住房公积金属于职工个人所有；《最高人民法院关于适用〈中华人民共和国民法典〉婚姻家庭编的解释（一）》（法释〔2020〕22 号）第 25 条第 2 项也明确规定住房公积金属于夫妻共同财产，在婚姻关系解除时可以分割。上述规定充分说明住房公积金本质上属于公民个人财产。但是，《住房公积金管理条例》同时规定了公积金管理机构及其职责、公积金的缴存、提取和使用等内容。这些规定说明住房公积金不仅仅是职工个人财产，还具有一定的社会属性，其使用、周转更多是由住房公积金管理部门进行统筹、管理、调配。在职职工依据《住房公积金管理条例》规定提取住房公积金之前，住房公积金管理部门享有职工住房公积金的占用、使用权能，并可以使用其增值收益，用于建立住房公积金贷款风险准备金、住房公积金管理中心的管理费用和建设城市廉租住房的补充资金，进而为职工群体提供最低住房保障。因此，住房公积金虽然属于缴存人所有，但在其存于住房公积金专户时，仍属于专款专用的带有公共性质的特殊资金，缴存人并不具备处分权。只有在符合《住房公积金管理条例》第 24 条规定的条件并从住房公积金专户提取至个人账户后，才是完全意义上的个人所有的财产。本案中，被执行人聂某宝的住房公积金不符合《住房公积金管理条例》规定的提取条件，不能予以扣划。

其二，从强制执行住房公积金的法律依据看，《民事诉讼法》（2021 年修正）第 249 条规定："被执行人未按执行通知履行法律文书确定的义务，人民法院有权向有关单位查询被执行人的存款、债券、股票、基金份额等财产情况。人民法院有权根据不同情形扣押、冻结、划拨、变价被执行人的财产。"依据上述规定，人民法院有权要求住房公积金管理中心协助执行。但是，关于人民法院能否强制扣划被执行人的住房公积金问题，法律未作具体规定。对此，《最高人民法院关于符合条件的住房公积金可强制执行的答复》（〔2013〕执他字第 14 号函）明确："根据你院报告中所述事实情况，被执行人……已经符合国务院《住房公积金管理条例》第二十四条规定的提取职工住房公积金账户内的存储余额的条件，在保障被执行人依法享有的基本生活及居住条件的情况下，执行法院可以对被执行人住房公积金账户内的存储余额强制执行。"据此，强制执行被执行人住房公积金需要符合相应条件。

综上，被执行人聂某宝的住房公积金不符合《住房公积金管理条例》规定的提取条件，不能予以扣划。和县人民法院（2022）皖 0523 执异 111 号执行裁定适用法律不当，结果应予纠正。

【关联索引】

《中华人民共和国民事诉讼法》第253条（本案适用的是2021年修正的《中华人民共和国民事诉讼法》第249条）

《住房公积金管理条例》第24条

执行异议：安徽省和县人民法院（2022）皖0523执异111号执行裁定（2022年8月29日）

执行复议：安徽省马鞍山市中级人民法院（2022）皖05执复76号执行裁定（2022年11月11日）

【法答网执行问题精选答复选登】

在公司股权发生多次转让后，申请执行人能否申请追加受让股东为被执行人

咨询内容：在公司股权发生多次转让后，申请执行人能否申请追加受让股东为被执行人？

答疑内容：执行程序追加被执行人应当坚持严格法定原则。《最高人民法院关于民事执行中变更、追加当事人若干问题的规定》（以下简称《变更追加规定》）第 19 条规定："作为被执行人的公司，财产不足以清偿生效法律文书确定的债务，其股东未依法履行出资义务即转让股权，申请执行人申请变更、追加该原股东或依《公司法》规定对该出资承担连带责任的发起人为被执行人，在未依法出资的范围内承担责任的，人民法院应予支持。"股东未履行出资义务即转让股权，且发生多次股权转让的情况下，严格按照该条规定，只能追加未依法履行出资义务的原股东或依公司法规定对该出资承担连带责任的发起人为被执行人。股权受让人，或者存在多次转让时的现股东和其前手，均不符合该条关于追加对象的规定，不能追加为被执行人。

需要指出的是，《最高人民法院关于适用〈中华人民共和国公司法〉若干问题的规定（三）》[以下简称《公司法解释（三）》] 第 18 条第 1 款规定："有限责任公司的股东未履行或者未全面履行出资义务即转让股权，受让人对此知道或者应当知道，公司请求该股东履行出资义务、受让人对此承担连带责任的，人民法院应予支持；公司债权人依照本规

定第十三条第二款向该股东提起诉讼，同时请求前述受让人对此承担连带责任的，人民法院应予支持。”《公司法》（2023 年修订）第 88 条第 2 款规定：“未按照公司章程规定的出资日期缴纳出资或者作为出资的非货币财产的实际价额显著低于所认缴的出资额的股东转让股权的，转让人与受让人在出资不足的范围内承担连带责任；受让人不知道且不应当知道存在上述情形的，由转让人承担责任。”由此可见，《公司法》修订前的司法解释和修订后的《公司法》，都规定了股东未履行出资义务即转让股权时，受让人在一定条件下要承担连带责任。但《变更追加规定》并没有以《公司法解释（三）》该规定为基础规定可以直接追加受让人为被执行人。这是为了限制直接追加的范围，防止以执代审可能导致的不公正，但不排除债权人可以根据上述规定通过诉讼的方式主张权利。因此，债权人要求股权受让人或者存在多次转让时的现股东和其前手承担责任的，虽不能在执行程序中追加，但可以通过诉讼程序主张。

（答疑专家：熊劲松，最高人民法院执行局二级高级法官）

人民法院作出的以物抵债的调解书能否直接引起物权变动的效力

咨询内容：人民法院作出的以物抵债的调解书能否直接引起物权变动的效力？

答疑内容：《民法典》第 229 条规定："因人民法院、仲裁机构的法律文书或者人民政府的征收决定等，导致物权设立、变更、转让或者消灭的，自法律文书或者征收决定等生效时发生效力。"《最高人民法院关于适用〈中华人民共和国民法典〉物权编的解释（一）》第 7 条对该条规定中的"法律文书"予以了明确，即"人民法院、仲裁机构在分割共有不动产或者动产等案件中作出并依法生效的改变原有物权关系的判决书、裁决书、调解书，以及人民法院在执行程序中作出的拍卖成交裁定书、变卖成交裁定书、以物抵债裁定书"。从上述规定可以看出，只有在实体法上具有在当事人之间形成或创设某种物权变动效果的法律文书才属于"导致物权设立、变更、转让或者消灭的"法律文书，即能够导致物权变动的法律文书是指形成性法律文书，给付性法律文书和确认性法律文书不能导致物权变动。

对于以物抵债的调解书能否直接引起物权变动的问题，司法实践中争议较大。对此，《最高人民法院关于适用〈中华人民共和国民法典〉合同编通则若干问题的解释》第 27 条第 3 款已明确规定"以物抵债协议经人民法院确认或者人民法院根据当事人达成的以物抵债协议制作成调解书，债权人主张财产权利自确认书、调解书生效时发生变动或者具有对抗善意第三人效力的，人民法院不予支持”。道理在于：调解书是根据当事人之间的以物抵债协议制作的。所谓以物抵债的协议是指负有金钱给付义务之债务人不能履行到期债务，经与债权人协商一致后以特定物作价折抵而履行金钱债务的行为，该行为属于代物清偿行为，即债权人同意债务人以其他给付代替原给付而使债权债务关系归于消灭，因以物抵债引起的物权变动仍属于基于法律行为的物权变动。人民法院的调解书只是确认了债权人与债务人之间成立了以物抵债的协议且该协议合法有效而已，调解书的内容或者是确认性或者是给付性的，而非形成性的，不能直接引起物权变动。

（答疑专家：杨春，最高人民法院执行局二级高级法官）

已扣划至执行法院账户的款项，非因申请执行人原因未发放给申请执行人，被执行人进入破产程序后，款项的归属问题

咨询内容：在破产案件受理前，执行法院在执行程序中将属于被执行人甲公司的A款项扣划至执行法院账户，非因申请执行人原因未发放给申请执行人。后被执行人甲公司进入破产程序，甲公司管理人向执行法院送达告知函，要求将A款项划入管理人账户。对A款项如何处理？

答疑内容：原则上，已经扣划到执行法院账户的银行存款等执行款，但未完成向申请执行人转账、汇款、现金交付的，财产权利归属未发生变动，仍属于被执行人的财产，执行法院收到受移送法院受理裁定后，不应再支付给申请执行人，应当将其移交给受理破产案件的法院或管理人，纳入破产程序统一分配。

对于是否“未完成向申请执行人转账、汇款、现金交付”，也即是否实施完毕，实践中存在不同理解，个案具体情形也不尽相同，需要稳妥做好申请执行人和破产债权人间的利益平衡，区分情形处理。第一，案款已具备发还条件但在法定发还期间内未及时向申请执行人发还的。此时执行程序实质性工作已完毕，申请执行人如果没有过错，不应由无过错的申请执行人承担不利后果，该款项不宜认定为破产财产，应清偿申

请执行人。第二，案款已具备发还条件但法定发还期间尚未届满。此时应当结合申请执行人对发现案款工作的贡献、申请执行人有无恶意阻碍破产程序等因素综合考虑。申请执行人贡献较大且不具有可归责性的，应当保护申请执行人的利益；反之，应将该案款认定为破产财产。

（答疑专家：李宗诚，最高人民法院执行局三级高级法官）

【执行热点前沿】

“执破融合”的实践进阶

——江苏“执破融合”改革的背景、路径与前景

江苏省高级人民法院执行局课题组*

作为实现债权的法定程序，执行与破产同具有天然的制度关联，最高人民法院曾多次出台有关文件以推动两种程序的衔接。早在 1998 年，《最高人民法院关于人民法院执行工作若干问题的规定（试行）》第 89 条就规定：“被执行人为企业法人，其财产不足清偿全部债务的，可告知当事人依法申请被执行人破产。”但该条款在当时的司法实践中未被有效激活。2015 年，《最高人民法院关于适用〈中华人民共和国民事诉讼法〉的解释》第 513 条至第 516 条正式明确了执行移送破产的程序。2017 年，《最高人民法院关于执行案件移送破产审查若干问题的指导意见》出台，该意见共 21 条，是最高人民法院首次针对“执转破”程序专门出台的指导意见。此后，2019 年中央全面依法治国委员会《关于加强综合治理从源头切实解决执行难问题的意见》以及最高人民法院制定的《人民法院第五个五年改革纲要（2019—2023）》《人民法院第六个五年改革纲要（2024—2028 年）》均提出要完善执行与破产有序衔接工作机制。

为切实贯彻落实最高人民法院关于“执转破”有关要求，江苏省高

---

* 课题组成员：朱嵘：江苏省高级人民法院审判委员会委员、执行局局长；马燕：江苏省高级人民法院执行局副局长；陈荃：江苏省高级人民法院民一庭三级高级法官；杨传煜：江苏省高级人民法院执行局三级法官助理；项先正：江苏省高级人民法院组织人事处三级主任科员。

级人民法院（以下简称江苏高院）积极开展探索，2016 年在全国率先出台《关于规范执行案件移送破产的若干规定》，并组织开展执行案件移送破产专项活动，推动和规范“执转破”案件办理；2018 年又率先出台《江苏省高级人民法院关于“执转破”案件简化审理的指导意见》，确定了 3 家中级法院、5 家基层法院的执行裁判机构审理“执转破”案件并探索简易审理程序；2019 年，进一步推动将“执转破”工作纳入全省营商环境评价指标体系。2022 年以来，为从根本上解决以往“执转破”工作由于执行程序与破产程序分离而造成的执破衔接不顺畅、功效发挥不充分等问题，江苏高院在总结苏州等地探索经验的基础上，率先在全省法院全面推行“执破融合”改革，取得了显著成效。

一、“执破融合”改革的实践与理论背景

（一）实践土壤：基于对“执转破”长期实践的反思

“执破融合”改革肇始便带有强烈的实践视角。江苏是经济大省，经营主体数量大、涉企执行案件多。2024 年，全省法院共执结涉企执行案件 19.1 万件，涉及被执行企业 94365 家，执行到位 1438.93 亿元，相当于江苏同期 GDP 的 1.1%。因此，对“执转破”的工作需求和实践反思也相对较多。在以往工作中，执行程序与破产程序分离，造成两种程序的优势得不到充分发挥，无法有效形成工作合力：在工作理念上，执行先到先得的“个别清偿”与破产按比例分配的“概括清偿”存在冲突；在工作目标上，执行穷尽强制措施、高效处置资产与破产保留企业核心资产推进重整救治存在背离；在工作程序上，信息核查、财产查控等大量工作存在重复，并且执行移送破产手续繁琐，造成“执转破”内生动力不足。由于这些原因，涉企“执行不能”案件出口不畅，大量“僵尸企业”不能及时出清，有市场价值的企业得不到有效重整挽救，矛盾纠纷难以实质化解。

具体表现为：一是移送程序启动困难。对启动“执转破”程序，债

务人担忧将引发债权挤兑、导致企业迅速“死亡”，债权人担忧债权将彻底无法获得清偿，多种因素叠加，使本该进入破产程序的案件停滞在执行环节。二是挽救功能发挥不足。破产程序具有经营主体出清与挽救的双重功能，执行程序则强调穷尽执行措施，二者价值导向存在现实差异，而以往“执转破”案件的来源主要是执行不能或“无产可破”的终本案件，此前的执行程序往往已将企业优势资产、核心资产处置分配完毕，企业已不具备破产重整与和解的客观条件，这导致“执转破”制度更多地被用作“执行不能”案件的“出口”，其经营主体挽救的功能在一定程度上被弱化。三是程序衔接成本偏高。同一个企业在“执转破”案件办理过程中，往往需要经历两个不同的司法程序、产生多个不同案件，而执行程序的财产查控、评估变价、财产处置、案款分配发放等环节，与破产程序的财产归集、债权申报、评估变价、财产分配等环节具有高度同质性，二者衔接过程中难免出现司法资源的重复消耗、时间成本的无谓增加。

（二）理论基础：“个别清偿”与“整体清偿”的同源性

执行乃个别清偿，强调高效兑现个别债权人的权益；破产系概括清偿，旨在公平实现整体债权人的利益，因此从实现债权的角度来看，破产与执行并无本质区别。以世界各国法制史的视角观之，破产法大多是在强制执行法的基础上建立起来的，破产法即概括执行法，二者本就同根同源，均属“债务清理法”之范畴，对债务清理中相同问题的处理遵循一致的内在逻辑。而我国立法工作的现实情况是，破产法作为商法的分支先于执行法出台和实施，这便导致长期以来对破产法的理论研究主要集中在商事审判领域，而未能充分认识破产程序与执行程序的同源性。最高人民法院数次推进“执转破”工作，客观上推进了各地法院对这一同源性的理论认识，而“执破融合”改革则是江苏司法实践中对该理论进一步的回归和发展。

二、“执破融合”改革的思路与路径

基于上述实践反思和理论认识，“执破融合”改革充分吸收和发挥“执转破”工作的经验与成效，进一步强化执行与破产的理念融合、资源融合、手段融合、效果融合。

（一）坚持问题导向，强化理念融合

虽然“执转破”机制对解决“执行难”发挥了积极作用，但实践中仍未能彻底打破执行和破产的程序堵点，因此难免存在涉企案件出清效果不佳、经营主体挽救功能不足等问题。

为进一步发挥执行和破产程序各自的制度优势，江苏省三级法院坚持问题导向、系统观念，强调执行与破产的理念融合，在执行程序中更加注重公平受偿和挽救企业，力求在“有产可破”时早识别、早移送；在破产程序中更加注重简案快破、减少重复劳动，力求高效出清“僵尸企业”。将公平高效清理债务、及时促进市场出清和病企救治、实质终局化解矛盾贯穿执行与破产全过程，使二者的关系从“单向转化、前后衔接”的“执破衔接”，转变为“双向互促、一体推进”的“执破融合”，在价值追求上充分兼顾效率与公平，在程序适用上充分释放执行和破产制度的叠加效能，以执助破、以破促执，以此着力构建债务清理大格局。

（二）整合办案力量，强化资源融合

对执行机构与破产审判部门办案力量进行整合，在繁简分流的基础上，探索“无产可破”等简易“执转破”案件由执行机构办理。在人员配备上，探索由执行和破产部门组建联合团队或混合合议庭，集中开展“执转破”案件的甄别、审查、立案、审理工作，以简化衔接环节、消减运行阻力的同时缓解破产案件数量大幅增长后破产审判力量不足的问题。在江苏省13家中级法院、109家基层法院中，目前已有4家中级法院、56家基层法院的执行局承担了破产案件办理任务。徐州市两级法院在

"执破融合"工作基础上，进一步探索"执破一体"机制，将破产职能、人员全部并入执行局，设立执破一体中心，负责涉企债务人的执行和破产案件全程办理，执行衍生诉讼由相关审判庭办理，以简化衔接环节、提高决策效率，促进执行程序的债权个别实现功能与破产程序的概括清偿功能一体融合。

（三）推进效能叠加，强化手段融合

注重执行与破产法律手段的综合运用和成果共享，实现效能叠加。一是"以执助破"，充分发挥执行程序的强制性、高效性。通过限制出境、拘传、拘留、搜查等强制措施进行"控人、控物、控印章、控账册"，为破产程序的有序推进扫清障碍；通过强制接管破产企业，破解管理人"接管难"问题，保障管理人依法高效履职，促进债务人有序退出或成功重整；通过严厉打击逃废债行为，加大追究相关人员拒执犯罪刑事责任力度，依法维护债务人合法权益；通过利用执行财产变现平台和规则处置破产财产，提高破产案件办理效率，实现程序效益的最大化。二是"以破促执"，充分发挥破产程序的终局性、公平性。一方面，"执破融合"团队提前介入和综合预判，通过破产程序充分挖掘特殊资质、品牌商誉等执行程序中无法处置的隐性资产，提前识别企业的重整价值，通过临时管理人与债权人谈判化债为股或者引入新的投资人等方式扭转局面，妥善利用执行和解、执行监管等手段，充分发挥破产制度的挽救和保护功能，一揽子解决企业债务危机，助力有价值的企业"满血复活"。另一方面，尽量前移破产条件识别时点，在企业财产被强制执行完毕前就转入破产程序，保障全体债权人公平高效清偿，最大化实现债务整体清偿效果，促进经营主体有序退出市场，释放有限的市场资源。同时，江苏高院印发相关试行意见，坚持纠纷化解的系统思维，大力推进立转破、审转破，尽量减少无财产可供执行案件进入执行程序，降低诉讼和执行案件数量，助力矛盾纠纷前端化解。

（四）完善工作机制，强化效果融合

在管辖方面，由于终结本次执行程序案件基本集中在基层法院，因此“执破融合”案件以基层法院管辖为主。在移送方面，为了防止不同法院之间关于移送破产审查出现职责不清、转嫁矛盾等问题，以同一法院内部移送破产为主，确有需要移送外地法院的，由高、中级法院通过交叉执行方式，将执行案件集中到破产法院。在办理机制方面，坚持繁简分流、快速高效、程序经济原则，对于债务人公司股权结构简单、资产规模不大、风险隐患较小的案件，适用简化程序办理，提升破产案件办理效率。在工作规范方面，江苏高院制定《关于推进“执破融合”改革规范执转破案件办理流程工作导则（试行）》，明确各环节、各步骤工作要求和标准，确保“执破融合”工作规范运行，防范可能发生的廉政风险。在技术支撑方面，江苏高院开发“执破融合”案件管理系统，实现执行移送破产线上办理，推进执破程序无缝衔接、信息全面共享，该系统经过全省范围内两轮试点，目前已在全省上线。在工作推进方面，连续三年组织开展经营主体出清“助企”行动，推动应转必转、当破必破，助力挽救无望的企业依法退出市场、挽救有望企业及时进行救治。

三、“执破融合”改革的成效与展望

（一）“执破融合”改革工作成效

自2022年全面推行“执破融合”改革以来，江苏省三级法院在推动矛盾纠纷多元化解、促进经营主体有序出清、盘活资源等方面取得了明显成效，为推进切实解决执行难、优化法治化营商环境开辟了新思路。

一是有效畅通“执行不能”案件出口，使僵尸企业“移得出、破得快”。“执破融合”改革开展以来，江苏全省法院已“执转破”企业20795家，推动24.9万件涉企案件退出终本程序，其中2024年“执转破”企业7600家，位居全国首位，新收破产案件已有近八成来源于“执

转破”，有效释放了闲置生产要素，优化了市场资源配置，促进了经营主体优胜劣汰。

二是有效前移破产重整启动关口，使危困企业“治得早、救得活”。在执行阶段及早启动破产原因识别和重整程序，及时帮助 992 家企业重获新生。在某置业公司及其关联企业执行案件中，南京中院在执行阶段及时启动预重整程序，高效衔接执行、预重整、重整程序，对所属 28 家公司进行合并重整，化解债务 260 多亿元，帮助企业成功脱困重生。

三是有效叠加执行和破产程序效能，使大量矛盾纠纷实质化解。2024 年，全省法院通过“执破融合”，妥善化解债务 3881 亿元，安置职工 21. 2 万人，盘活土地房产 8. 1 亿平方米。徐州中院在某建设公司执行案件中，借助“执破一体”机制，在执行阶段摸清企业资产底数，以“隐性资产”招募重整投资人，助推企业重生，一揽子化解企业遍及 16 个省、涉及数以万计农民工和小供货商的 1771 起案件，债务金额近十亿元，有效解决面广量大的民生、稳定问题，实现“一案解千结”。

四是将“执破融合”思路引入“类个人破产”改革。协同推进“与个人破产制度功能相当的试点”工作，该试点工作已率先实现江苏省三级法院全覆盖。试点工作以“执破融合”为基本思路，由执行法院主办，根据当事人申请，依照有关财产调查、参与分配、执行和解、失信惩戒等法律规定，参照企业破产法相关原则和精神，促成债权人与个人被执行人达成和解并同意对其债务在一定条件下免责，在免责考察期届满后终结执行，有效促进确无履行能力的诚实个人被执行人重新恢复正常生产、生活能力。个人破产工作试点以来，全省类个人破产共计收案 1290 件，结案 1152 件，让 214 名诚实而不幸的被执行人免责脱困，通过类个人破产案件累计清偿债务超 2. 3 亿元。

（二）“执破融合”改革未来展望

自 2015 年被写入民事诉讼法司法解释的十年来，“执转破”不仅在司法实践中充分展现了其制度优势，也引发了理论界对执行与破产两种程序的持续探讨。随着高水平社会主义市场经济体制的构建，经营主体对“执转破”制度亦有新的需求和期待。人民法院亦应与时俱进，推进“执破融合”改革不断深入。

一是进一步加强内部整合。探索总结徐州法院“执破一体”经验做法，构建涉企债务集中清理新模式，不断完善“执破融合”信息管理系统，加强信息资源整合，打通法院内部立案、审判、执行、破产部门信息流转和资源共享的堵点，实现互联互通。在此基础上，逐步探索与工商、税务等部门系统的有效对接，实现破产信息的跨部门联动共享。建立常态化“执破融合”工作会商平台，加强立审执裁破各部门就破产原因识别、企业救治预案、繁简分流等问题的协同“会诊”。强化破产简化程序适用，有效降低破产成本，提高破产效率。

二是进一步推进府院联动。积极争取税收优惠、公益基金、平台托底、信用修复等方面的支持，构建常态化沟通交流平台，建立府院联动长效机制。探索建立公职管理人制度，协商政府相关部门，从司法、审计、税务等行政部门的离退休人员中返聘专业人员担任破产管理人，解决破产管理人缺位、破产费用不足等问题。探索设立具有公共管理性质的破产事务管理机构，充分发挥破产管理人职能，加大“执破融合”团队指导力度。总结推广昆山法院“企业重整服务中心”经验做法，推动构建精准识别、分类施策、协作联动、智能服务的“诊疗式”企业救治体系。

三是进一步优化队伍建设。通过加强执破融合团队建设或设立执破一体办案中心，着力解决部分地区因条块隔阂导致的破产程序启动难、运行难问题，打造一支既懂执行、又懂破产的专业化队伍。完善履职激励机制，科学设定移送破产审查、执转破案件审理、类个人破产案件办理等工作量折算方式，健全执破融合工作科学考核机制。探索建立破产管理人实训基地、执行与破产司法调研基地，通过理论和实证研究，促使办案人员兼具执行和破产思维，提升司法工作水平。

四是进一步结合重点工作。将“执破融合”与最高人民法院近期部署开展的多项重点工作紧密结合：例如，“执破融合”的推进能够在制度层面落实“企业被执行人无终本”工作要求，对于“终本出清”具有长远的积极意义；再如，对涉及同一被执行企业的案件，通过交叉执行的方式指定由同一法院办理，能使“执破融合”与交叉执行相得益彰；此外，“执破融合”作为法院内部职能分工和工作机制的优化，对于深化审执分离改革具有重要影响。“执破融合”亦是人民法院推进切实解决执行难、探索个人破产制度、服务深化供给侧结构性改革、优化法治化营商环境的重要举措。

新质生产力下交叉执行"智理"之路

汪海燕[*]

摘要： 创新是新质生产力的显著特点。"交叉执行"是人民法院司法新质生产力的重要组成部分。要适应新质生产力需求，交叉执行需要"智理"。交叉执行主要有两种模式，分别为"个案交叉"模式和"类案归集交叉"模式。在分析交叉执行模式的基础上，本文提出了需要刺破交叉执行制度的"面纱"，让执行权偏移后正位，同时提出要重塑程序规则、重构执行方法，并提出制度设计路径。

"新质生产力是创新起主导作用，摆脱传统经济增长方式、生产力发展路径，具有高科技、高效能、高质量特征，符合新发展理念的先进生产力质态。""新质生产力的显著特点是创新。"① 创新是新质生产力的核心与灵魂，在紧扣推进中国式现代化履职尽责过程中，人民法院也应当在坚持公正司法的前提下，适应新质生产力发展的要求，创新工作思路、工作模式、工作方法，将创新思维运用在审判执行全过程中，兑现人民群众胜诉权益。"交叉执行"是人民法院司法新质生产力的重要组成部分，人民法院正在回应新质生产力发展要求，通过方式创新、理念创新、管理创新、制度创新交出执行答卷。作为热频词汇，"交叉执行"先后四

---

* 湖北省武汉市汉南区人民法院党组副书记、副院长。

① 习近平：《发展新质生产力是推动高质量发展的内在要求和重要着力点》，载《求是》2024年第11期。

次出现在 2024 年全国两会最高人民法院工作报告中，最高人民法院提出要在 2023 年试点的基础上，“全面推进交叉执行”。这场自上而下，由最高人民法院主导的执行工作深层次改革在全国范围内开展。回溯执行权发展，从审执不分到审执分离，再到审执有限分离，在实现公正效益中，执行权按照自有规律运行，新质生产力状态下该怎样推进执行工作，执行工作在治理升级的同时，是否也应该“智理”，这些都是本文研究的问题。

一、规则检视：交叉执行规则承袭及实践

（一）规则承袭

“交叉执行”是执行过程中的一种执行方式，作为法律规范术语，最先出现在 2006 年 3 月《最高人民法院工作报告》有关用语说明中：交叉执行是“指上级法院指定本辖区内的两地或者多地法院相互执行对方或其他法院的执行案件”。用语说明还指出“交叉执行”与“提级执行、指定执行”，是“人民法院为解决‘执行难’问题而采取的几项措施”。

为了解决执行过程中存在的问题，最高人民法院在总结执行工作经验的基础上，开始对交叉执行制度进行规范。1999 年 3 月，最高人民法院以清理执行积案为主要内容，下发通知在全国范围内开展“执行年”活动，同时期交叉执行已经在各级法院不同程度地开展。2004 年 10 月，最高人民法院提出开展交叉执行，摒弃地方保护主义。此后一系列规范制度出台，从纠正违法执行和消极执行，到加强对执行权行使的监督；从强化执行工作统一管理体制，到规范异地交叉执行行动；从规范交叉执行的提起和审批程序，到就地化解矛盾纠纷，开展交叉执行。2024 年 3 月，最高人民法院出台了《最高人民法院关于全面推进交叉执行工作的通知》，要求全面推进交叉执行，对交叉执行组织工作等方面作出了规范；同年 6 月印发了《最高人民法院关于交叉执行工作的指导意见》，继续推进该项工作。最高人民法院从统筹规范人民法院基层建设开始，历

经二十年，对全国法院交叉执行工作进行了细化、规范（见表1）。

表1　全国法院交叉执行规范性文件概览

序号	出台时间	规范性文件	规范内容
1	2004年10月	《最高人民法院关于进一步加强人民法院基层建设的决定》	加强上级法院的监督与指导，使得基层建设不断取得新进展。对于跨地区的重大执行案件，实行交叉执行、提级执行等方法，排除地方保护主义的干扰
2	2009年7月	《最高人民法院关于进一步加强和规范执行工作的若干意见》	上级法院要加强对下级法院执行权行使的监督。通过交叉执行等途径，纠正违法执行和消极执行行为
3	2016年4月	《最高人民法院关于落实“用两到三年时间基本解决执行难问题”的工作纲要》	强化、统一执行工作管理体制
4	2019年2月	《最高人民法院关于深化人民法院司法体制综合配套改革的意见——人民法院第五个五年改革纲要（2019—2023）》	加强规范化执行、标准化执行建设。规范异地交叉执行的提起和审批程序
5	2021年12月	《最高人民法院关于进一步完善执行权制约机制、加强执行监督的意见》	加强层级指挥协调管理、执行工作重心下移。中级人民法院对基层人民法院执行工作全方位指挥、协调、管理、监督考核
6	2024年3月	《最高人民法院关于全面推进交叉执行工作的通知》	全面推进交叉执行工作：扩大交叉执行案件范围
7	2024年6月	《最高人民法院关于交叉执行工作的指导意见》	加强执行工作监督，推进交叉执行工作法治化、规范化、常态化

（续表）

序号	出台时间	规范性文件	规范内容
8	2024 年 12 月	《人民法院第六个五年改革纲要（2024—2028 年）》	完善交叉执行工作机制，强化溯源追责，规范适用条件、范围和程序

多年来，各级法院将交叉执行作为推动执行工作的一项重要举措。东部沿海某中院在 1999 年 9 月的集中清理疑难案件和委托执行案件的行动中，尝试交叉执行的新机制，对基层法院上报的 27 个因地方保护主义、人情关系、行政干预等原因而难以执行的疑难案件，由中院指定每两个法院结对交叉执行，展开执行竞赛，取得了较好的效果。① 其间，各地法院开展交叉执行，均取得了较好的社会效果。在开展交叉执行工作的同时，部分高级人民法院、中级人民法院为规范交叉执行工作，先后出台了一系列规范性文件，颁布典型案例，一些地方党委、政府从推进当地执行工作法治化的角度也出台了相应配套规则（见表 2）。

表 2　地方法院交叉执行规范性文件概览及典型案例

序号	发布时间	规范文件名称	规范内容
1	1999 年 10 月	《广东省法院执行工作实行统一管理和统一协调的暂行规定》	省法院加强对全省法院执行工作的指挥，对因地方保护主义和部门保护主义干扰和阻碍而难以执行的案件以及重大、疑难、复杂的案件，组织指定执行、交叉执行、提级执行或者联合执行
2	2003 年 4 月	《云南省高级人民法院关于充分发挥审判职能作用依法促进和保障我省非公有制经济健康发展的意见》	采取交叉执行、联合执行和提级执行等方式，摒弃地方保护主义和部门保护主义的干扰

① 庄会宁、刘蓓：《“执行难”不能跨世纪》，载《瞭望新闻周刊》1999 年第 51 期。

（续表）

序号	发布时间	规范文件名称	规范内容
3	2003 年 9 月	《江苏省高级人民法院关于加强非公有制经济司法保护的意见》	采取交叉执行、联合执行和提级执行等方式，排除干扰
4	2006 年 7 月	《浙江省高级人民法院关于落实“三项承诺”的实施意见》	完善统管分权的执行工作机制。对跨地区、受地方保护主义影响难以执行的案件，上级人民法院要加大督促、管理力度，适时采取指定执行、提级执行、交叉执行等措施，防止地方保护主义
5	2008 年 4 月	《中共三亚市委办公室、三亚市人民政府办公室关于成立解决执行难协调工作小组及建立解决执行难联席会议制度的工作方案》	法院对反映执行不公、违法执行等问题，可采取提级执行、指定执行、交叉执行等措施
6	2008 年 7 月	《浙江省高级人民法院关于为全面改善民生促进社会和谐提供有力司法保障和优质法律服务的实施意见》	依法加大执行力度，强化立即执行、审计执行、曝光执行、提级执行、交叉执行等措施的适用
7	2009 年 1 月	《四川省高级人民法院关于充分发挥审判职能作用，促进经济发展、服务“两个加快”的若干意见》	有针对性地采取交叉执行、提级执行，克服地方和部门保护主义，解决案件长期暂缓执行、中止执行等问题
8	2009 年 12 月	《中共绵阳市委办公室、绵阳市人民政府办公室关于进一步加强人民法院执行工作的实施意见》	市中级法院要加强对全市法院执行工作的领导、管理、监督和协调，通过指定执行、交叉执行、提级执行、委托执行等方式，进一步提高执行效率。建立执行案件督查制度，及时核查和催办执行信访案件；对上级交办、批办的案件，要加强督促检查并及时反馈
9	2016 年 5 月	《丽水市中级人民法院关于进一步强化执行工作力度的意见》	加大执行工作点面结合的力度，开展提级执行或交叉执行

（续表）

序号	发布时间	规范文件名称	规范内容
10	2016 年 6 月	《宁波市中级人民法院关于落实“用两到三年时间基本解决执行难问题”实施细则》	对怠于执行、执行不当等问题进行源头治理，通过提级执行、交叉执行、督查督办等途径，纠正违法执行和消极执行行为
11	2019 年 1 月	《福建法院执行工作“八个一律”承诺举措》	凡因案件关联、维稳等，需要将案件指定或交叉执行的，实行上提一级管理
12	2019 年 12 月	《宁夏法院健全解决执行难长效机制的意见》	加强重点案件和疑难案件的指导、协调，通过提级执行、交叉执行、相互协作等多种方式，推进案件化解
13	2020 年 7 月	《威海市中级人民法院落实市委市政府〈关于提标提速提效推动营商环境攻坚突破的实施意见〉配套措施》	定期组织开展涉中小微企业案件专项执行行动，对跨区域、涉一个被执行人的多起案件和疑难复杂案件，采取提级执行、交叉执行、指定执行等方式执行
14	2023 年 12 月	《江西高院发布全省法院交叉执行典型案例》	案例之一为桂某申请执行樟树市某实业有限公司、鲍某和江西某投资有限公司民间借贷纠纷案：宜春市中级人民法院指定异地法院执行，让“僵局”变“破局”
15	2024 年 3 月	《石家庄中院发布“交叉执行”典型案例》	案例之一为石家庄某科技股份有限公司为被执行人的系列执行案：面对市场前景良好的被执行人，采用“交叉执行”和集中管辖的方式，积极协调各方当事人了解企业发展能力，修复信用、达成和解，更好地解决债务纠纷
16	2024 年 5 月	《天津市 2024 年营商环境质量提升行动方案》	推进交叉执行常态化工作，进一步提升执行案件办理质效

综上，交叉执行相伴法院建设在成长，其“俗语化”散见在各地方规范性文件中，到后来被最高人民法院所认可，并作为执行过程中专门术语予以规范。在这个过程中，最高人民法院多年来持续推进交叉执行工作，从执行方法到执行措施再到执行规范并渐进式地完善；从宏观规划到微观操作统筹部署。

同时诸多高级人民法院、中级人民法院也就交叉执行工作进行了规范，部分地方党委、政府也出台相关规范性文件对交叉执行工作的开展进行了回应。分析上述规范性文件，它们具有如下特征：

第一，从制度功能分析看：（1）交叉执行规定，是各地方为解决执行难进行的尝试、探索，系列规范制度从最先注重防止地方保护主义和部门保护主义干扰，解决重大、疑难、复杂的案件，到后来以加强执行规范化建设，加强执行权的制约与监督，规范执行行为，促进交叉执行有序开展为主要目的。（2）交叉执行推进是在上级法院主导下，一体部署、统筹推进。上述规范性文件多出自中级人民法院、高级人民法院，省高级人民法院出台 8 件、市中级人民法院出台 4 件，省、市两级法院各颁布 1 批指导案例。（3）地方党委、政府积极参与交叉执行配套性规范的制定，提出政策目标要求，推动交叉执行效果的落实。（4）同一地方交叉执行工作，可因时、因势、因案调整交叉执行，使得交叉执行工作符合法律、政策，符合地方区情的需要，交叉执行工作可根据需要体现地方经济特色，最终激发交叉执行的效能。

第二，从参与主体看：交叉执行活动参与是以中级人民法院及基层人民法院为主，高级人民法院负责统筹、评价、监督。地方党委、政府制定交叉执行配套规范制度，对推进地方交叉执行非常有力，其是地方性规范制定者、保障者、监督者，同时也是交叉执行活动的推动者、监督者。

第三，从交叉执行启动方式看：在上级主导下，严格按照规范性文件有序推进，执行方式上以指定执行、交叉执行、提级执行为主，同时根据需要选择开展联合执行行动。交叉执行工作推进时首先研判交叉执行的必要性，即要坚持必要性原则，同时在执行措施选择上更需具有针对性。

第四，从案件要素的确定看：交叉执行案件须符合相关的案件要素，首先系急需解决执行难的案件，需要通过交叉执行摆脱当前的执行困局，使执行行为能够依法完成，并取得“三个效果”的有机统一；其次，通过交叉执行的案件，被执行主体有部分履行能力，而不是完全丧失履行能力；最后，案件交叉执行，要符合各地实际情况，根据当地执行工作情况确定，既不能千篇一律，也不能墨守成规。

（二）各地交叉执行工作主要模式

1. “个案交叉”模式

法院从去地方保护主义的角度出发，通过推动个案执行，来解决执行面临的困境，推动公平、公正，提高效率。为了破解地方保护主义、部门保护主义干扰和阻碍，解决案件难执行、执行难，通过指定执行、交叉执行、提级执行或者联合执行，上下联动，相互协同，完成案件执行。一段时间以来人民法院多以上述方式开展交叉执行工作并取得了较好的效果。①

2. “类案归集交叉”模式

为了破解类案执行的问题，将执行对象相同、被执行人相同或者申请人为其他执行案件的被执行人的案件，通过交叉执行的方式推进工作。某知名电器公司濒临倒闭，苏州市中级人民法院经研判，指令姑苏区人民法院执行该讨薪系列案。姑苏区人民法院自行立案 22 件，其他法院移送交叉至姑苏区人民法院执行案件 11 件。经过该法院执行，上述案件涉及 44 名劳动者的权益得到了兑现。②

认真检视法院具体工作，部分法院在推进交叉执行工作中存在思路

① 王洪、张琦、陈祥林：《“特殊积案”三个执行关键词》，载《人民法院报》2010 年 3 月 1 日，第 5 版。

② 郑卫平等：《发挥三个优势 苏州大力推进交叉执行》，载《人民法院报》2024 年 5 月 15 日，第 5 版。

不清晰，缺乏整体构思、没有做好提前规划；在解决执行难的问题上，统筹分析问题不准确，查找问题不精准；在方法处置上，作出交叉执行决定的法院更多注重交叉执行的形式，缺乏执行协同、执行指导、执行监督举措。其中也有部分法院持续发力，久久为功，并取得一定成绩。

二、问题归因：执行权在制度方面缺乏创新

党的十八届四中全会明确提出“切实解决执行难”“依法保障胜诉当事人及时实现权益”的目标。当前，全面从严治党走入深水区，国家治理体系和治理能力走向全面现代化，社会诚信体系建设与社会管理体系各方面各环节深度融合，信息化等科技手段深度应用，群众法治意识全面提升，执行工作治理具备良好条件，要确保有财产执行的案件，经过人民法院努力，克服各种困难，使案件执行完毕，申请人胜诉权益得到保障，同时也要确保被执行人最基本的生存权，在执行过程中实现双赢多赢共赢。通过执行精准识别“执行不能”，通过破产、执破融合等方式依法处置一批执行案件，给“失能”的人以出路，不将他们纳入失信被执行人名单。“治理”执行难必须找准病症，要根据案件不同情况，因案而宜，把准症候和根本，辨证施治，需要内治其根本，则内治即可；需要外治其表，则通过物理刺激进行调节。“治理”必须具有系统思维，既要有原则性，又要有灵活性；既要把握整体，又要关注局部；既要考虑结构，又要关注功能。“治理”必须依法，必须有章可循。执行权的行使正当其位，需要执行法官的智慧，离不开执行法院精准管理，脱离不了现实法律制度，但同时也需要有制度方面的创新。

（一）法律和配套制度相对滞后

目前我国尚未制定专门的民事强制执行法，民事强制执行制度的法律依据主要是《民事诉讼法》执行程序编中的35个条文和最高人民法院陆续制定的60多个司法解释、规范性文件，执行工作缺乏系统、权威、充足的操作规范。涉及交叉执行的法律规范更少。2024年3月、6月最

高人民法院先后下发了关于交叉执行的两个文件，规范构建了交叉执行的法律框架，但更多是框架性的、基础性的，系统性、针对性不够，解决问题的操作性也存在一定困难。例如，接受交叉执行法院该如何开展执行工作，在程序上是按部就班，还是有所区别；如何处理好交叉执行案件办理与法院自身案件办理；交叉执行案件在上级法院决定交叉执行时目标是什么，接受交叉执行法院是否知晓。

交叉执行是一项系统工程，需要上下级法院之间、接受交叉法院与原执行法院之间相互配合，法院内部之间也需要相互配合，如法院执行局与法警大队要相互配合，同时更需要争取地方党委政府支持，与当地相关职能部门之间相互配合，形成共识，提高执行效能。虽然地方法院多年来在执行领域开展交叉执行这项活动，但现在开展的交叉执行与过去相比截然不同，它毕竟是一项全新的制度，是以结果促过程的一项改革，通过它的推行解决部分法院面临的执行工作困境，实现工作的提档升级，同时发现日常执行工作漏洞，进行针对性的治理。现有的规定已经不适应新的执行活动的要求，且破产制度尚不完善，特别是没有自然人破产的法律制度，与强制执行有关的法律规定尚待补强。①

（二）数字化规范应用技术与交叉执行的要求存在一定差距

开展交叉执行的目的之一是接受上级法院指令，限期执行存在消极执行、拖延执行的案件。时间紧、任务重、要求高，没有较高数字化规范应用技术作为帮手，很难胜任这一工作。目前科技保障促进执行规范化尚在进行时，大数据应用、信息归集、信息交换、数据自动检索分析，无法适应新的执行要求。如不深入研判，不及时加以改进，“小马拉大车”的执行困境将很难摆脱。

---

① 参见褚红军主编：《切实解决执行难——路径、模式、方法》，人民法院出版社2023年版，第5页。

（三）社会诚信体系建设尚未完成

首先，信用惩戒发挥作用不充分。失信名单、限制高消费、限制出境等方式虽然起到作用，但因为配套措施不到位，难以充分发挥作用。其次，社会强化信用分级分类监管已经有序进行，但以公共信用综合评价为基础、以行业信用评价为重点的企业信用状况综合评价体系国家标准和制度规范尚未全面推开。

在法律、制度层面缺乏体系化、制度化的规范性文件，数字技术深度应用缺乏，诚信体系不尽完善的情况下，如果不重视这些问题，将难以彻底解决交叉执行中存在的问题。我们必须从宏观方面认清存在的短板，从国家治理高度认识交叉执行，发挥其作用，真正解决我们面临的问题。面对困难我们要探源溯流，求真务实，用人类智慧，用“智理”的方式从容应对眼前困难。

三、正本清源：交叉执行的本质回归

法律是原则的、抽象的，但实践是具体的、鲜活的，法官必须依法充分运用自由裁量权，把事实证据查清，把裁判理据讲清，实现案件公正裁判。要更加注重裁判说理、辨法析理，努力使司法审判对法律条文——“文本法”的适用，符合包括当事人在内的人民群众感受的“内心法”。[①] 回归本源、不忘初心，通过指定、提级执行，将确实难以执行的案件交由其他法院执行，发挥“鲶鱼效应”，将权力、关系、人情干扰降低到最低限度。要充分理解交叉执行在执行实施过程中的地位，发挥交叉执行的作用，通过交叉执行全面提升执行效能，在实践中要处理如下关系。

---

① 参见张军：《深入学习贯彻习近平法治思想加快推进审判工作现代化》，载《学习时报》2023 年 12 月 6 日，第 A1 版。

（一）交叉执行与常规执行

1. 目前开展的交叉执行不同于常规执行

交叉执行是最高人民法院主导的执行活动，是从上而下在全国范围内推进的一项常态化执行工作，工作重点是解决人民群众反映强烈的消极执行、地方保护、执行效率不高、力量不足、监督不到位等长期制约执行工作发展的突出问题。交叉执行更多地强调上级法院统一领导、统一管理、统一协调，是方式多样的交叉执行，是整合力量推进的交叉执行。

2. 交叉执行不是重新执行

首先，交叉执行包括更换原执行法院的执行，上级法院提级执行、依法开展协同执行和集中执行，还包括“推磨式”交叉执行，此外还有执行事项的交叉执行。其次，交叉执行是在原执行行为基础上“升级版”的执行活动。交叉执行要吃透案情，从微观角度，分析上次执行活动的细节，总结上次执行行为的不足；要找准对策，从宏观出发，多角度审视执行案件，寻找最佳切入点。最后，交叉执行是一次质的司法赋能，能够全面提升执行效果。

3. 交叉执行不是交换执行

交叉执行不是简单的执行法院、执行团队、执行人员的更换，在交叉执行中要更加注重执行的方法和策略，同时要根据个案情况选择好执行的时机。

（二）交叉执行与文明执行

1. 交叉执行要充满理性，核心是“文明”

要切实提高执行案件质量与效率，用心、用情解决人民群众急难愁盼问题，同时确保案件执行政治效果、社会效果、法律效果的统一。人类文明形态演进，是从特殊文明形态向普遍文明形态演进的过程，而这一过程的实质是在人类寻求永久生存的生命目的支配下进行的。[①] 交叉执行作为以国家强制力为后盾的执行方式，注定其行为的文明性质。在执行工作中，不能简单、粗放，不能为了完成执行工作，不顾及任何后果。

2. 交叉执行要饱含“善意”，它是更高水平的执行

执行过程中所采取的措施是否适当，是否符合比例原则，直接关系到司法的公平正义，关系到被执行人的切身利益、生产生活，甚至关系到一个企业的生死存亡。人民法院在强制执行程序中，应当坚持以人民为中心的权益保护理念，始终保持执行谦抑性，善于从利益衡量的角度平衡多方主体的利益，做到既要有平衡个案当事人利益的微观面向，更要有保障社会公共利益及国家发展大局的宏观考量。[②]

（三）交叉执行与监督执行

交叉执行不能简单理解为执行办案，通过交叉执行活动检验上一次执行过程，同时对比分析前后执行活动，发现原执行法院工作中的不足，甚至违规违法的问题，促进执行制度完善、监督措施落实。通过交叉执行，用结果溯源过程的做法，查究是否存在久拖不执、强制和解、随意中止或者终结执行、终结本次执行等问题，是否存在滥用执行权、侵害当事人或者案外人合法权益的问题。

（四）交叉执行与科学执行

1. 交叉执行是有序执行

交叉执行是在上级指挥下，统一执行、规范执行、集中攻坚执行。执行过程中要讲究方法，要充分发挥执行系统潜能，通过“执行+警务+舆论”引导，动员执行法院力量，在上级指导、原执行法院配合下完成执行行为，同时要及时总结执行过程中的得与失，通过舆论引导，各方

---

① 参见吴宏政、文成栋：《人类文明形态演进的生命辩证法》，载《江苏社会科学》2024 年第 3 期。

② 司伟、杜涛：《利益衡量视角下的善意文明执行理念新实践与体系完善》，载《人民司法》2023 年第 32 期。

努力，发挥最大效能。

2. 交叉执行是合力执行

要根据案件需要、解决问题便利程度、效率高低，决定提级执行、指定执行、协作执行等问题。

开展好交叉执行工作，我们必须拭去其面纱，看清本质，适应新质生产力发展要求，回归其根本，全面提升执行工作水平，充分发挥其功能和效应。

四、方法重构：交叉执行的程序规则形塑

新时代新征程，我们应当在坚持马克思主义科学方法的基础上推动方法的创新。坚持问题导向，问题是时代的声音，回答并指导解决问题是理论的根本任务，只有通过调查来发现矛盾、抓住要害、找到方法、解决问题，才能在解决时代发展的新问题中发展理论，推动马克思主义中国化与时代化。① 在法院探索跨区域交叉执行机制中，引入其他法院的执行力量，以不同的工作理念、思路、方式，打破原案未能执行的局面，从而调动法院攻坚克难的积极性和主动性，推进执行工作体系和执行工作能力现代化，营造尊重法律、尊重裁判、尊重执行的良好氛围。② 一个好的方法、一个方便执行的制度，需要我们深思，需要尽快重构。

（一）交叉执行案件标准选择

1. 精心选择“案”，合理确定“件”

首先，要确定“案”的类型。一是要把握好选“案”的原则。交叉执行主要是针对原执行法院执行过程中执行效果不佳、矛盾突出、化解迟缓的案件。消极执行、不当干预、疑难复杂、问题突出，是这些案件的初步画像；要合理地确定交叉执行案件案由、执行标的等。二是要充

① 参见骆郁廷：《马克思主义中国化时代化的方法论思考》，载《武汉大学学报（哲学社会科学版）》2024 年第 5 期。

② 参见段鹏、赵奇、李航：《交叉执行制度的探索、问题及解决路径》，载《人民法院报》2024 年 3 月 21 日，第 8 版。

分听取当事人意见，特别是申请执行人意见。案情是变化的，双方当事人对履行情况是最清楚的。如案件已经终本，当事人案外和解、履行完毕，不能因为上下级法院不掌握情况而纳入交叉执行，浪费执行资源。三是确定交叉执行的案件须精准。在选择执行案件时要充分弘扬社会主义核心价值观，注意审判执行价值导向。如各地法院常态化开展涉民生小标的案件交叉执行等，受到社会高度认可。其次，合理确定“件”的数量。“件”上必须达到一定的量，否则不具备规模效益，不利于推进这项工作，不利于及时总结经验；“件”数必须合理，过高会成为任务摊派，造成负担，影响工作的完成，适得其反。

2. 因“案”“件”匹配“人员”

在执行过程中，人起着关键作用。交叉执行是对执行队伍的一次大考验，同时也是一次常态化大考。交叉执行成功与否很大程度上由实施交叉执行队伍的素质决定。首先，指定交叉执行案件时，要充分考虑执行队伍的特点，发挥执行队伍的优势，避免短板。其次，在选定执行法院后，由执行法院选派最优秀的执行人员参与前期交叉执行案件办理，以点带面通过交叉执行培养锻炼执行队伍。再次，由最优秀的管理人员参与执行案件管理、协调，在交叉执行过程中提高执行业务能力水平，提高执行队伍管理水平。在工作中注重协调能力培养，发现严重影响交叉执行工作开展的事由时，及时向上级法院报告，协调各方力量，形成合力。最后，做足调研功课，在执行过程中发现问题、解决问题。

（二）交叉执行程序启动

目前，各地法院在依职权裁定启动交叉执行的过程中，尚未明确统一的原则和具体的细则标准。在实践过程中，交叉执行程序启动要避免案件指定的随意性、案件办理的随意性，提升申请执行人在指定执行中的获得感、幸福感与满意度。① 面对存在的问题，交叉程序启动要规范。

① 陈建华：《如何破解指定执行实践中的问题》，载《人民法院报》2019年8月1日，第8版。

《最高人民法院关于交叉执行工作的指导意见》规定了督促执行、指令执行、提级执行的范围，但该范围稍显笼统。结合执行工作现状，交叉执行的案件程序启动还可以考虑符合下列条件：

第一，无正当理由超过6个月未执结或者3个月内未依法采取强制措施，执行过程受到不当干预，案件疑难重大复杂但执行法院力量不足，交叉执行有利于信访矛盾化解。

第二，通过上级法院提级执行、指定执行，或者下级法院经审判委员会讨论认为案件需要由上级法院提级执行或交叉执行的，可以向上级法院提出申请。

第三，跨省、州、市交叉执行案件，必须在上级法院严格监督下进行。

(三) 交叉执行方法策略

对于交叉执行的案件，务必根据个案讲究方法和策略：

第一，对于交叉执行已经终本的案件，采取限制高消费、失信等措施作用是有限的，因为前期原执行法院已经采取了类似强制措施，且有的措施尚在进行中，在强制执行措施选择方面，要更多地使用拘留、罚款、移送拒执等强制措施，这些措施使用时针对性强，且有更多的强制性。

第二，对于交叉执行对象是个人的案件，要更多地开展线下调查，进街道进社区，实地前往被执行人居住地、户籍地、工作地走访调查；查询被执行人消费记录（如高消费场所、奢侈品购买）、出行轨迹（如航班、高铁记录）、社交动态（如短视频、朋友圈）；通过媒体发布悬赏公告等；核查关联线索，掌握其配偶、子女名下财产；对符合罚款、拘留条件的，果断予以罚款、拘留。对于执行对象是公司的案件，要认真分析案情和工商信息，通过关联公司、公司其他信息，开展审计调查，责令被执行人提供会计凭证、会计账本，对隐匿审计资料的，依法采取搜查措施；对企业法定代表人、主要负责人或者直接责任人，扣押护照或予以限制出境；同时也要开展线下调查，实地了解公司经营情况。

第三，对于涉及政府机关等主体的，在上级法院指导下执行，找准突破点、破解难点、疏通堵点，争取地方党委政府支持，做实交叉执行。

（四）交叉执行效果研判

执行效果的提升需要常抓不懈，从理念到实践、从制度到管理，需全方位着力。交叉执行效果如何，人民群众获得感是否提升，如何进行科学评判，需要我们予以关注。

1. 关注核心指标，特别是“执行完毕率”“执行到位率”

要采取有力措施，最大限度兑现老百姓的合法权益，提升执行绩效。同时通过交叉执行，发挥“鲶鱼效应”，推进执破融合，实现部分案件先终本清仓。

2. 聚焦查人找物

交叉执行成败很大程度取决于查人找物。要把工作重心放在与公安机关协作找人上，通过综治大数据查找人员；人民法院进行网络查控的同时，要做好线下调查。

3. 采取有效措施

要因案施策、因人施策，以解决问题、化解矛盾、彻底执行案件为目的。在工作中，要关注每一起案件的办理，确保案件执行政治效果、社会效果、法律效果的统一。

4. 关键在组织领导

在交叉执行过程中，交叉执行案件受理法院要加强领导，上级部门要全程关注、及时调度，相关部门要互相配合，形成合力，打好“组合拳”。

5. 效果提升在于典型案件发布

要常态化发布典型案例，及时指导交叉执行工作的开展。

公益强制清算视角下涉企业终本案件出清路径研究

尤跃海* 石兰栓**

摘要： 当前影响涉企终本案件出清的主要障碍在于执行程序无法解决执行不能案件，以及破产清算程序运行不畅。对此，有必要另辟蹊径，通过企业主管机关向执行法院提起公益强制清算的方式，依法注销被执行企业主体资格，进而将企业终本积案问题从源头上予以消解。在公益强制清算程序运行过程中应当增设股东资产前置调查机制，以预防清算义务人侵权责任案件的激增；同时，为确保企业与自然人混同的终本案件能够实质出清，应当制定多类型被执行主体的合并清算规则，以实现企业与自然人的一体化清算；为充分发挥公益强制清算程序功能，可借鉴域外经验引入债权人会议制度及相关表决机制，避免将执行不能企业导入耗时费力的破产清算程序，以提升终本出清质效。

法治建设既要抓末端、治已病，更要抓前端、治未病。近年来，全国法院执行案件持续高位运行，以终结本次执行程序方式结案的案件亦"水涨船高"，特别是企业作为被执行人的案件占比较大。企业终本案件的持续积压不但影响执行工作的正常开展，而且不利于经营主体有序退出。为此，各级法院虽已采取诸如强化执行力度、建立"终本"管理库、

* 江苏省无锡市中级人民法院执行局审判员。

** 江苏省无锡市中级人民法院执行局法官助理。

推进“执转破”等措施对终本案件进行“出清”，但实际效果与预期有差距，涉企终本积案仍是影响当前执行工作质效的关键问题之一。对此，应当以优化经营主体的退出机制为解决问题的出发点，从源头消解终本积案中的被执行主体，研究拓展经营主体退出路径，只有当被执行企业主体通过法定程序被注销并退出市场后，执行程序方能真正终结，终本积案问题亦将有效化解。

一、问题的提出

（一）企业终本案件出清之背景

2024年初召开的全国高级法院院长会议提出：必须加强联动共治，加快推进“终本清仓”，正确区分“执行难”与“执行不能”，通过“终本清仓”等方式依法解决确实存在的“执行不能”案件，树立“企业被执行人无终本”理念，促进市场有序出清、盘活资源。可见，“终本出清”即是将以终结本次执行程序方式结案的案件通过有效方式彻底退出终本案件库，其目的是解决无财产可供执行案件，特别是执行不能企业彻底退出执行程序的问题，以优化司法资源与市场要素配置。

以W市为例，截至2023年，全市终本案件共145503件，从主体类型看，其中被执行人为自然人的共130420人，占比72.41%；被执行人为企业（包括公司和其他经营主体）的共39367家，占比21.86%。虽然企业作为被执行人的案件相较于被执行人为自然人的案件占比低，但通常债务额较高，所涉市场要素更多，法律关系也更为复杂，此类终本案件的积压对经济发展、社会稳定等方面的影响往往比其他被执行主体的案件更为广泛和深刻；而且，执行不能企业大量积存于法院终本库中，却无有效退出路径，也不符合市场经济优化资源配置的客观规律，占用了行政管理资源，从市场监管角度而言，终本案件中的被执行企业亦属于“经营异常企业”。对此，只有将此类企业通过切实可行的司法路径及时有效地淘汰出局，方能从源头上压降涉企终本案件数量，进而释放被其占据的生产要素和市场资源。但从现行涉企类终本案件出清情况来看，仍存障碍。

（二）企业终本案件出清之路径检视

1. 执行程序无法解决执行不能案件

实践中，执行法院主要从两方面落实涉企终本案件出清：（1）“控增量”，即对首次执行终本案件的程序与实质标准予以严格把控，强化对被执行人司法拘留、信用惩戒、追究拒执罪等传统强制措施的运用，以执行威慑促使被执行人履行完毕，从而避免适用终本程序。（2）“减存量”，即通过设立管理专员的形式对终本案件进行单独管理，待发现终本后有财产可供执行的即予以恢复执行。

但是，执行法院“控增量”与“减存量”的前提是被执行企业有财产可供执行，而对于执行不能的被执行企业除导入破产程序外，无论运用何种强制执行措施均无法避免终本程序的最终适用，原因在于执行程序对于执行不能案件已失去程序救济之功能，更无法满足相关权利实现之需求。正如有学者指出：“金钱债权之强制执行，若债务人确无财产可供执行，或虽有财产，经实施强制执行后，所得数额仍不足清偿债务，又无其他财产可供执行时，实际上已无从达到强制执行之目的。”①

2. 破产程序未能满足终本出清需求

破产清算是现行“终本出清”的重要方式之一，各地法院也通过“执转破”程序解决了一部分涉及执行不能企业的“终本出清”问题，但实际效果未能达到制度预期。2023 年，全国首次执行案件结案 9238378 件，其中终本结案 3357380 件，破产案件结案 28554 件②，以企业终本案件占全部终本案件的 20%计算，仍有 95%以上的企业终本案件未能通过破产程序有效出清。以 W 市为例，全市法院自 2017 年开展“执转破”工作以来，执行部门移送案件 2113 件，涉及执行案件 24371 件，

① 张登科：《强制执行法》，我国台湾地区三民书局 2015 年版，第 142 页。

② 《2023 年全国法院司法统计公报》，载《中华人民共和国最高人民法院公报》2024 年第 4 期。

受理破产 1452 件，与数量庞大的终本案件库相比，依然杯水车薪。

问题原因在于：（1）“执转破”启动的申请主义一定程度上阻碍了执行程序向破产程序的转化，一方面各类债权人出于自身利益考量，在破产程序对分配标准、比例均不确定的情况下，宁愿通过高效率、低成本的执行程序实现债权，而不愿申请“执转破”；另一方面，企业一旦进入破产程序，需对其经营情况、财务账册等进行全面审查，多数债务人基于恐惧心理而拒绝提出破产申请。（2）破产审理部门受理“执转破”案件积极性不高，“执转破”程序固然可以实现经营主体出清，但同时也给破产审理部门造成更多压力，实践中往往是执行案件虽然出清但又新产生破产积案问题。（3）“执转破”程序无法解决涉及被执行人为自然人的终本案件出清问题，在涉企业执行案件中，多数案件被执行人不单为企业，更涉及相关自然人，由于个人破产制度尚未建立，企业被执行人虽然因裁定受理破产而终结执行，但同一执行案件中的其他自然人债务人仍需承担相关责任，执行程序尚不能终结，此类终本案件出清自然无法实现。

3. 强制清算程序价值隐而未显

公司解散，进而进行清算，终止公司人格，是独立于破产程序的另外一种人格消灭方式。[①] 但强制清算程序对于终本出清的实践价值未能得到充分体现。2023 年全国首次执行案件终本结案 3357380 件，强制清算案件结案 12705 件，[②] 而同期全国共有 114917 家企业被吊销营业执照，比例相差悬殊。以 W 市为例，2023 年全市法院执行终本案件 20122 件，涉及被执行企业 6589 家，而当年受理的强制清算案件仅为 247 件（见表 1）。终本案件中所涉被执行企业绝大部分已实质性停业、歇业，但只有少量企业进入清算程序。

问题原因在于：（1）企业以被吊销营业执照的方式退出市场情形本身就具有违法性质，加之往往还蕴含着其他违法动机，如欺诈债权人、

---

① 邓峰：《普通公司法》，中国人民大学出版社 2009 年版，第 648 页。

② 《2023 年全国法院司法统计公报》，载《中华人民共和国最高人民法院公报》2024 年第 4 期。

逃避债务或其他法定义务等，所以在实践中清算义务人不成立清算组进行清算的情况非常普遍。(2) 在部分以债权人作为申请人的清算案件中，债权人申请强制清算仅作为其向出资人主张权利的一种手段，偏离了强制清算的正当程序功能，这在一定程度上导致债权人正常的风险损失被不当转嫁给股东、董事、实际控制人。[①] (3) 我国现行的强制清算还是定位于一种非诉案件，[②] 债权人或股东向法院提出的是申请，并非起诉，要解决的并非实体上的权利义务关系，而是程序启动等程序性质上的问题，法院的主要职责是根据申请指定清算组，对清偿方案裁定认可，并不能对公司财产和行为作出命令，参与度不高，[③] 因而强制清算程序运行中法院享有的监督权有限。

表 1　全国、J 省、W 市 2023 年终本、破产、清算结案数

	终本结案数/件	破产结案数/件	强制清算结案数/件
全国	3357380	28554	12705
J 省	260925	8513	6234
W 市	20122	411	247

二、公益强制清算与终本出清之契合机理

(一) 理论基础——公益强制清算与企业社会责任

强制清算概念来源于英美法系，是基于法院或者行政主管机关的命令而进行的清算，学理上将法院组织的清算称为强制清算。[④] 而公益强制清算是指由企业主管机关作为申请主体向法院提交强制清算申请，请求

① 最高人民法院民事审判第二庭编著：《全国法院民商事审判工作会议纪要理解与适用》，人民法院出版社 2019 年版，第 591 页。

② 宋晓明、张勇健、刘敏：《关于审理公司强制清算案件工作座谈会纪要的理解与适用》，载《人民司法》2010 年第 1 期。

③ 最高人民法院民事审判第二庭编著：《最高人民法院关于公司法司法解释（一）、（二）理解与适用》，人民法院出版社 2008 年版，第 296 页。

④ 王军：《中国公司法》，高等教育出版社 2017 年版，第 507 页。

法院对经营异常企业指定有关人员组成清算组进行清算，最终使企业主体资格归于消灭的法律行为。其理论基础在于，企业不单是经济组织，也是重要的社会组织，应当担负起与其社会地位相适应的社会责任。[①]

《民法典》第86条规定营利法人应“承担社会责任”，《公司法》第20条第1款规定：“公司从事经营活动，应当充分考虑公司职工、消费者等利益相关者的利益以及生态环境保护等社会公共利益，承担社会责任。”这些“利益相关者”除公司职工和消费者外，还包括债权人、政府等主体，有学者称其为“公司社会责任受益主体”，[②] 如《民事诉讼法》规定的公益诉讼制度就是由公法主体作为原告来追诉损害社会公共利益的行为人的法律责任。而当“经营异常企业”不履行自行清算、注销等法律规定的社会责任，同时又无相关社会权利主体提出权利主张时，有必要借鉴公益诉讼制度由特定的公法主体依法提起对“经营异常企业”的强制清算申请。

（二）规范渊源——现行规定与执行力扩张

一般企业主体退出市场需要历经解散、清算、注销三个主要过程，相关制度亦从创立、发展到完善。1993年颁布的《公司法》第八章首次规定了公司清算程序，明确公司发生解散事由的应当成立清算组进行清算，清算结束后应当报送公司登记机关，申请注销公司登记，公告公司终止。2005年《公司法》修订时首次将“依法被吊销营业执照、责令关闭或者被撤销”作为公司解散原因之一。2017年《民法总则》第70条首次规定清算义务人未及时履行清算义务的，主管机关或者利害关系人可以申请法院进行强制清算，后该规定被《民法典》所承袭。2023年新修订的《公司法》亦在第233条中明确“作出吊销营业执照、责令关闭或者撤销决定的部门或者公司登记机关，可以申请人民法院指定有关人员组成清算组进行清算”。

---

① 参见周友苏：《中国公司法论》，法律出版社2024年版，第46页。

② 参见王保树：《公司社会责任对公司法理论的影响》，载《法学研究》2010年第3期。

根据上述规定，对于案件执行过程中已被采取吊销营业执照等行政处罚的被执行企业，可由执行法院主动提请主管机关及时申请强制清算，待清算终结后再由主管机关予以注销，相关执行案件可以终结执行方式退出执行程序，避免以终本方式结案，而关联终本案件亦可由此出清。但在实践中，被执行企业被吊销营业执照的占比较少，大多数企业虽已无财产可供执行、人员下落不明或长期停止经营，却并未依法通过清算程序注销，而以“经营异常企业”状态存续。因此，如何促使该类企业以吊销营业执照作为解散事由并导入清算程序，直至注销退出市场，成为企业终本案件出清的关键。

《公司法》第 260 条规定“公司成立后无正当理由超过六个月未开业的，或者开业后自行停业连续六个月以上的，公司登记机关可以吊销营业执照”，而且通过各地企业主管部门的吊销公告可以看出，认定企业停业的标准一般为当事人在其法定的住所查无下落，且通过留存的通讯方式无法取得联系，无法直接、邮寄送达行政文书等情形。以上情形在执行程序中将作为主要调查内容，囿于执行法院与企业主管部门缺乏信息交互渠道，导致主管部门难以掌握相关调查信息，主动采取吊销措施的动力不足。反之，由执行法院主动将依法查明的被执行企业经营信息提供给主管部门筛查进而发起吊销，相较被动等待企业吊销后再启动清算、注销程序，势必在程序效率和权利保障方面起到事半功倍的效果。

（三）实践探索与域外经验

近年来，各地法院均对通过强制清算程序推动经营异常企业退出市场进行了积极探索，如江苏、河北、河南、山东、湖北等地的中、基层法院与属地企业主管机关建立联动机制，通过公益强制清算程序规范经营异常企业退出市场，均取得一定进展。现行操作模式是，企业主管机关将吊销营业执照的企业信息发送法院，待法院初步核查企业债权债务及资产后确定进行清算的企业名单并反馈给主管机关，再由主管机关向管辖法院提出强制清算申请。此种模式虽有效果，但仍存在问题：（1）移送清算的范围限于已被吊销执照的企业，对于虽未吊销执照但已具备吊销事由的企业未纳入清算范围；（2）公益清算未成规模，企业注销数量有限，难以带动终本案件批量出清；（3）部门协作未成合力，未将清算审理、终本出清、企业注销等进行统筹协调，程序效益有待提升；（4）无法解决被执行企业与被执行自然人并存的终本案件，即便被执行企业导入清算程序，亦无法解决被执行自然人的债务清算问题。

日本公司法典中的特别清算制度具有一定的借鉴价值，其制度目的是在破产清算程序之外寻求一种新的解决办法，用以提高清算效率，最大限度避免不利因素，尽可能实现债权人的公平清偿。该制度核心是由法院以主导者的身份积极介入公司清算并予以全程监督，如法院有是否启动特别清算的决定权、可以依职权选任或解任清算人、清算公司所要实施的所有行为几乎均需征得法院许可等；而且，法院认为有必要时，可以请求相关企业主管机关配合监管清算公司并可委托其调查相关事项，相关主管机关可向法院陈述有关该清算公司特别清算程序的意见。[①]

三、公益强制清算实现终本出清之方案建构

（一）制度方案

1. 公正与效率——原则及其路径

公益强制清算涉及利益主体众多，需了结各种法律关系，其功能从形式上看是注销企业主体资格，实质上则是保护相关利益方的合法权益。因此，在机制设定时，应严格依照法定程序进行，坚持在程序正义的基础上实现清算结果的公正，切实维护企业债权人、出资人、职工等主体利益以及社会经济秩序稳定。与此同时，执行程序以效率为第一原则，公益强制清算程序的首要目的在于促使企业主体资格注销以退出市场，为终本案件拓展出清通道。因此，相关程序设计应从提高协作效率的角

① 参见《新订日本公司法典》，王作全译，北京大学出版社2016年版，第222页。

度简化移送程序、明确移送标准、细化审理规则，确保公益强制清算程序在执行移送、清算审理、行政注销等各环节高效运行，防止出现标准不明、沟通不畅、协同不力等不利因素，保障相关利害关系人的合法权益，避免因程序延宕造成损害，实现各方资源的有效利用。

公益强制清算程序的具体运行路径（见图1）如下：（1）由执行法院在终本案件中初步筛选符合吊销营业执照事由的企业名单后，交由企业主管机关审查；（2）主管机关认为案涉企业符合吊销营业执照事由的，则依法吊销相关企业营业执照，并将吊销名单反馈执行法院；（3）执行法院收到吊销名单后，指定公益清算管理人对相关终本案件就是否符合移送公益强制清算程序进行审查，管理人认为符合移送条件的，告知企业主管机关可以向执行法院提出公益强制清算申请；（4）主管机关向执行法院提出清算申请，执行法院依简易清算程序审理；（5）执行法院审理后裁定终结清算程序的应当报主管机关申请注销企业登记，公告企业终止。至此，执行法院可以被执行企业终止、无财产可供执行且无义务承担人为由终结案件执行，而将原终本案件彻底退出终本库，即通过从源头上注销被执行企业主体资格的方式带动所涉执行终本案件出清。

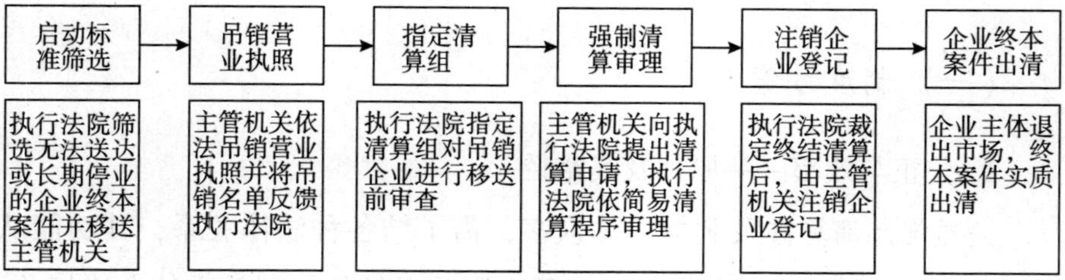

图1　公益强制清算实现终本出清基本路径

2. 未雨绸缪——股东资产前置调查程序

最高人民法院印发的《关于审理公司强制清算案件工作座谈会纪要》（以下简称《清算纪要》）第29条规定：人民法院以无法清算或者无法全面清算为由裁定终结强制清算程序的，应当在终结裁定中载明，权利人可以另行向被申请人的股东等清算义务人主张有关权利。但是，因无法清算或无法全面清算而终结清算程序，与依照《企业破产法》中债务人确无财产可供分配而终结破产清算程序的规定相比，法律后果截然不同：在破产清算中，对于债务人未能依破产程序清偿的债务，原则上不再清偿；而在强制清算程序中，虽然企业主体资格因清算程序终结而终止，但债务人既有的民事责任并不当然消灭，而是由其清算义务人承担偿还责任，所以《清算纪要》规定了法院在终结强制清算裁定中写明债权人可以另行要求清算义务人对其债务承担偿还责任，通过告知方式保障债权人认知自己的权利救济途径。但是，这可能导致强制清算案件虽已了结，而相关清算义务人侵权责任案件的增加。基于此，有必要在强制清算程序启动前完成对股东等资产的调查程序，降低债权人另行权利救济预期，防止出现案件此消彼长的情况。

针对上述情况，在涉及企业终本案件出清过程中，可由执行法院在启动强制清算程序前引导债权人追加企业股东或出资人为被执行人，在该追加被执行人程序中（前）立执行保全案件，通过网络财产查控系统预先查询被申请追加股东或出资人名下财产情况，并可根据案件实际情况采取相应措施：查明被追加主体名下有财产的，可依法予以查封、冻结，待相关执行依据生效后即立案执行；查无财产的，则向债权人释明追加被执行人后执行不能或另行对清算义务人提起侵权诉讼的预期不利后果，以此防止追加或另诉后产生新的终本案件，也有利于在强制清算审理过程中不因另行处置股东财产而在程序运行效率上有所阻滞。

3. 双管齐下——多类型被执行主体的合并清算

对于企业，可通过强制清算程序或破产程序重获新生或者退出市场，而对于企业经营者等自然人基于企业经营产生的负债尤其是巨额担保性负债却因缺乏个人破产机制清理困难。《民事强制执行法（草案）》第83条曾规定：企业符合裁定终结执行的要件为“无财产可供执行，又无义务承担人”。也就是说，即便企业名下无财产可供执行而导入强制清算程序，然而若有义务承担人的，则仍需继续履行，执行程序并不终结，不符合终本案件出清要求。特别是义务承担人为自然人的，更需要制定企业与个人债务的一体化出清路径，最终实现终本案件的全案出清。

对于涉及企业与自然人混同的终本案件，实践中绝大多数案件已无财产可供执行，因此，在公益强制清算程序中，无论是企业还是个人，基本上不存在有财产可供分配的情况。在此情形下，按《公司法》规定应当转入破产程序。而按照《最高人民法院关于适用〈中华人民共和国公司法〉若干问题的规定（二）》［以下简称《公司法解释（二）》］第 17 条的规定，清算组发现公司财产不足以清偿债务的，可以与债权人协商制作有关债务清偿方案。债务清偿方案经全体债权人确认且不损害其他利害关系人利益的，人民法院可依清算组的申请裁定予以认可，不转入破产程序。因此，在通过公益强制清算程序处理涉及企业与自然人混同的终本案件时，应当以各主体间协商为原则，同时将个人债务清理引入公益强制清算程序，实现企业清算程序与个人债务清理程序的合并审查，即由受理企业公益强制清算案件的法院一并审理与之相关的个人债务清理案件。

此外，可指定同一管理人，全面厘清企业债权债务关系，借鉴破产程序中债权人会议制度，按程序表决债务清偿方案。因实质上无财产可供分配，该表决程序实际上是将所有被执行主体的财产及执行情况向所有债权人进行公示，以此表明各被执行人确无清偿能力，进而促使债权人与债务人间达成和解方案，方案达成后，企业主体终结清算后注销退出市场，自然人主体则经债权人会议表决通过并签订被执行人免责同意书后终结个人债务清理程序。以此通过公益强制清算程序与个人债务清理程序的衔接，实现企业与自然人的一体化清算，确保涉及企业与自然人混同的终本案件能够实质出清。

（二）程序路径

1. 启动标准——无法送达或长期停业

已被吊销营业执照的企业依法可启动强制清算程序退出市场，故终本案件出清应以筛选已被吊销执照或具备吊销事由的被执行企业为程序起点。根据《公司法》《企业经营异常名录管理暂行办法》《企业信息公示暂行条例》等规定，经营异常企业被吊销营业执照的事由，主要是未按规定公示年度报告且无法取得联系，或者连续6个月以上未营业。按执行程序相关规定，执行法院应当对被执行企业住所地或者可能隐匿、转移财产所在地进行必要调查，但从实际调查结果来看，多数被执行企业存在按登记地址无法送达法律文书或者停止营业的情况，其中部分被执行企业已被吊销执照，但多数仍未被采取吊销措施。因此，应当以筛选出按工商登记地址无法送达或者长期停业的被执行企业作为拟移送公益强制清算终本案件的核心要件。

另外，为提高程序效益及便于操作，公益强制清算应遵循先易后难、逐步推进原则进行。因此，拟移送公益强制清算的企业可先行以在中级法院辖区登记注册范围为限，同一案件中存在多个被执行企业的，应当均在中级法院辖区注册登记。故在前期工作中可将名下无财产、股东下落不明、未接管到账册的被执行企业先行移送。同时，对于注册资本认缴制的企业，为避免移送清算后需追究股东责任，导致衍生诉讼，可以设立股东财产前置调查程序，在将企业移送公益强制清算前对相关股东名下财产进行调查，以避免产生新案妨碍程序顺利开展。需要注意的是，为维护社会、金融秩序稳定，对涉及结欠职工工资金额较多的企业、上市公司、金融机构、债权人众多且存在影响社会稳定因素案件的移送应从严把握。

2. 平台运行——从协商交互到联动共治

从程序公正的角度来看，执行联动机制的高效运行也更能实现权利主体间的公平。公益强制清算的联动工作机制相比传统的执行联动机制在功能上存在一定差异，但在充分调动工作合力以高效实现程序效益的价值目标上高度一致，这就使得公益强制清算借鉴执行联动机制建立相关的联动工作平台不仅可行也更为必要。公益强制清算程序的运行需要不同部门间的协调配合，对外协同方面，执行法院需要企业主管机关提起强制清算申请、注销经营主体，而主管机关则需要执行法院提供企业调查信息以便及时启动吊销程序；内部协调方面，执行部门与清算审理部门需要就程序衔接、案件筛选等统一标准、制定规范。

此外，公益强制清算的主要功能在于高效实现经营主体退出、降低企业注销成本，之于执行程序则是拓展终本案件出清通道。因此，基于此种程序上的交互协作以及高效实现程序价值之目的，建立公益强制清算联动工作平台的具体模式应为执行法院与企业主管机关建立"点对点"网络专线，建立经营主体登记信息、电子档案共享平台，实现在线实时信息共享，同时，通过专线建立被执行人名单、失信被执行人、执行调查结果、经营主体登记、退出、经营异常名录、吊销、注销等信息交换机制，以便在清算过程中及时进行信息交互，有利于程序高效运行。

3. 管辖区分——以执行法院为主，住所地法院为辅

就终本案件而言，相关被执行企业实质上经穷尽执行措施已无财产可供执行，大多已停止营业甚至股东亦下落不明，相关账册更不知所终。因此，依照《清算纪要》关于地域管辖法院应为企业住所地法院的规定，对于公益强制清算程序而言应重新考量，为提高程序运行效率，可考虑由执行法院作为公益强制清算案件的主要管辖法院。即涉企业终本案件原则上由执行部门直接移送本院强制清算审理部门办理，在地级市范围内同一被执行企业在多个法院（包括住所地法院）有执行案件的，则由住所地法院管辖。以此节省各法院间移送案件成本，发挥执行法院内部协作合力，提高工作效率。

企业终本案件中不乏需对企业承担担保责任的被执行自然人，即同一终本案件中存在被执行企业与被执行自然人，若将此类案件一并移送，如何确定管辖？应分情况讨论，第一种情况是执行依据已经确定被执行企业与被执行自然人的责任，经执行后均无财产，此种情况下应当按一般管辖由执行法院受理公益强制清算案件；第二种情况是执行依据仅确定被执行企业履行义务，后又依法追加股东或出资人等个人为被执行人的，由于此类案件中有可能在清算程序中对相关股东或出资人财产进行处置，若财产所在地法院办理清算案件更有利于财产处置、分配、协调的，可由基层执

行法院报经中级法院同意后移送相关财产所在地法院管辖。

需要注意的是，虽然《清算纪要》规定级别管辖应当按照企业登记机关的级别予以确定，但由于此类案件一般执行主体较多、法律关系较为复杂，加之因追加被执行人导致财产处置的不确定性，为平衡各主体的合法权益，更有效地调配资源，亦可由中级法院受理复杂类型的公益强制清算案件。

（三）效力评价

1. 强制执行程序之中止

破产程序具有中止执行的效力，而强制清算程序是否具有中止执行的效力，未有明确法律规定。从各地法院出台的相关指导意见来看，认定不尽相同。如有的认为，裁定启动强制清算程序的法院可以协调执行法院中止执行，执行法院应当中止执行。而有的认为，受理强制清算案件后，不产生解除对被申请人财产保全和中止对被申请人财产执行的效力。还有的认为，受理强制清算案件后，至清算组查清被申请人资产及负债情况前，有关被申请人财产的执行程序应当中止。

就公益强制清算程序而言，法院受理后，有关被执行人的财产执行程序应当中止。理由在于：一是公益强制清算程序审理的被执行人均为“执行不能”企业及相关连带责任人，其实质上已无财产可供执行，再由执行程序来清偿债务已不可能，亦无必要，而应告知债权人向清算组申报债权，并中止执行；二是即便少数案件可能存在因被执行人财产变动而在公益强制清算程序中有可分配财产，但若不中止执行，将构成个别清偿，对此，《公司法》第 235 条明确公司进入清算程序后，在申报债权期间，清算组不得对债权人进行清偿。如果允许清算组在债权申报期间清偿债权，将侵害后续申报债权人，特别是强制清算程序转入破产程序后，难以平等保障各权益主体。综上，为优化司法资源配置、提升效率的同时确保程序公正，启动公益强制清算程序后，相关执行法院应当中止执行。

2. “清转破”情形之避免

《公司法》第 237 条第 1 款规定：“清算组在清理公司财产、编制资产负债表和财产清单后，发现公司财产不足清偿债务的，应当依法向人民法院申请破产清算。”强制清算程序与破产程序相比，后者更为复杂，成本也更高，而公益强制清算的最终目的在于促成执行终本案件出清，若一律将“财产不足清偿”的清算公司导入破产清算程序，势必增加出清成本，妨碍出清效率。而且强制清算并非取代破产清算，两者也并不是一般法和特别法或者主要规则和特别规则的关系，强制清算是作为预防破产而存在。因此，若能通过有效路径实现终本出清，似无必要将执行不能企业导入破产程序。

根据《公司法解释（二）》第 17 条的规定，公司财产不足清偿债务时，清算组可以与债权人协商确认有关债务清偿方案，该方案经全体债权人确认且不损害其他利害关系人利益的，法院可依清算组的申请裁定予以认可，而不转入破产程序。此种协商机制应在公益强制清算程序中发挥更为重要的作用，以此避免进入更为复杂的破产程序，影响终本出清质效。

问题是，在公司清算程序中未规定债权人会议制度，协商方案想要取得全体债权人确认并通过，且不得损害其他利害关系人，在实践中难以施行。原因在于：一是债权人难以列举穷尽，若企业债务众多，债权人很难达成完全统一意见；二是债务清偿协议施行的前提是清算公司已经确认出现资不抵债的事实，相关债权人往往会因自身利益意见相左导致僵局，使清偿协议得不到真正实行。对此，可以在公益强制清算程序中引入破产程序中的债权人会议制度，对公益强制清算程序中包括协商方案在内的重大事项进行表决，在维护债权人利益的同时，兼顾表决效率。关于具体表决程序，可借鉴日本公司法在特别清算程序中的协定表决机制，即在债权人会议上通过协定时，只需同时取得表决权人的过半数与持有表决权总额三分之二以上表决权者的同意，而无须全体债权人同意。

四、结语

强制执行程序无法解决执行不能案件，加之与破产程序衔接不畅，使得当前执行法院对于终本案件出清工作仍主要停留于提升传统执行力度层面，结果是即便投入再多的司法资源也无法彻底解决诸如涉及“经营异常企业”等作为被执行人的终本案件。而公益强制清算程序则以注销企业主体资格作为解决问题的出发点，通过执行法院与企业主管机关建立联动机制的模式，共同协调处置包括异常企业筛选、营业执照吊销、强制清算审理、企业主体资格注销等在内的一系列程序节点，从源头上出清终本积案。同时，将自然人个人债务清理程序纳入公益强制清算，为被执行企业与被执行自然人并存的终本案件提供一体化出清路径；为抑制强制清算程序中追究股东责任案件的增长，有必要设立股东资产前置调查程序，以降低债权人权利救济预期，防止出现新的执行不能案件；可借鉴域外经验，在公益强制清算程序中设立债权人会议制度及便于操作的表决机制，以避免由清算程序转入耗时费力的破产程序，影响终本案件出清效率。另外，在程序运行过程中，应当对执行法院如何与企业主管机关高效协同、清算方案如何达成一致、如何防止清算义务人借此逃避执行等问题予以重点关注。总之，本文拟为终本案件出清提供一种介于执行不能与破产不能之间的程序路径，期望通过公益强制清算程序实现终本出清的同时，为优化法治化营商环境提供实践方案。

金融执行案件预查废制度的适用路径与规范构建

唐 浩[*] 怀鹏飞[**]

摘要：预查废制度是金融执行案件的前端疏解制度，是预先查类案作出的核销证明，具有提高执行效率、缓解人案矛盾和降低司法成本的多重价值，本质上是债务履行不能的预确认，目的在于分流预期执行不能案件。预查废制度推行现在仍存在若干问题：预查废制度理论研究存在空白、当事人权益保障不足和运行管理不畅。预查废制度理论基础可通过“共同执行”理论模式补充，“共同执行”理论模式基于“共同诉讼”基础，使执行对象明确为被执行人责任财产，预查废制度的正当基础还在于财政部门规章的授权处分。在司法内部分工层面，可探索立案部门形式审查并由执行部门实质审核的快速审查机制，明确文书时效中断效力，在规范完善层面，预查废制度应进一步限缩适用范围，探索建库管理并落实金融企业账户保全和退税需求。

习近平总书记明确提出“法治建设既要抓末端、治已病，更要抓前端、治未病”。[①] 前端治理是法治建设的重要工作方向，最高人民法院明

---

* 四川省成都市青羊区人民法院执行局局长，三级高级法官。

** 四川省成都市青羊区人民法院执行局法官助理。

① 习近平：《坚定不移走中国特色社会主义法治道路 为全面建设社会主义现代化国家提供有力法治保障》，载《求是》2021年第5期。

确以司法发挥引领作用的工作思路开展工作，实现简案快审、繁案精审，[①] 由此可见，前端治理是法治建设的工作重点，也是司法的改革方向，关乎司法改革的深度和广度，更凸显出当代司法的智慧。

随着社会经济发展，司法诉求日渐增多，司法资源成为稀缺的公共物品，依法实质性化解纠纷作为目标，避免程序空转、劳民伤财是司法改革的重中之重，预查废制度应运而生，预查废制度是执行案件分流的创新改革成果，是落实习总书记要求和张军院长指示的重要制度，成为2024年的执行创新热点项目。据统计，2024年浙江、江苏、广东、四川、山东、河北等地法院分别开出自家首份"预查废证明"，与此同时，试点火热背后的问题也不断涌现，预查废制度存在理论空白，预查废制度的定位仍然模糊，正当性基础来源不明，在实践层面存在大量程序空白问题亟待解决，预查废制度预期功能的发挥亟待理论与实践的双重补位。

一、预查废制度的概念内涵

我国民事执行工作的核心和基调是改革，[②] 预查废制度是快速化解特定金融案件纠纷的执行改革创新成果，《最高人民法院关于完善信用卡监管政策维护金融安全的司法建议书》建议提升银行解纷和自行催收能力，坚持银行自行催收为主、恶意逃废债司法诉讼断后。预查废制度适用于金融案件，目的在于分流预期执行不能案件，避免案件进入执行程序空转。

（一）核心：预先查询类案的核销证明

预查废程序是人民法院对金融企业清收债务人的关联案件核查后，

① 《最高人民法院关于人民法院进一步深化多元化纠纷解决机制改革的意见》（法发〔2016〕14号）。

② 谭秋桂：《论我国民事执行立法内容确定技术的四对关系》，载《财经法学》2023年第3期。

发现案涉债务人有关联执行案件，且涉及案件不具备执行可能或者无财产可供执行的，由人民法院出具核销证明的程序。预查废证明这一名词来源于浙江法院的制度创新，根据文义解释，预查废包含“预”“查”“废”三个语词：首先，“预”表明制度的适用时间先于执行程序，定位为案件的前端治理；其次，“查”表明预查废制度的适用要求，法院适用该制度应当进行系统全面核查，筛查同一被执行人的全部类案及执行过程和结果；最后，“废”表明预查废制度的程序结果，即查询到被执行人大量类案执行不能的情况下出具的金融不良债权核销预查证明。

实践中，预查废程序集中适用在执行立案阶段，集成于“执前督促”程序之中，执前督促程序是在生效裁判拘束力下的督促履行与当事人意思自治基础上的和解有机结合的一项司法创新机制，[①] 鼓励当事人自觉履行裁判义务，[②] 执前督促程序是背靠生效裁判调动多方力量促进生效文书自动履行，执前督促程序与预查废制度有较强的适配性，两者均以生效法律文书为支撑，同时以避免大量案件进入执行程序为目的。预查废制度适用于金融案件，在制度设计上，预查废制度将可执行到位的案件案款快速执行到位，同时将预期执行不能的案件批量生成司法证明，使金融企业对个人债务的呆账快速核销，有重要的实践价值。

（二）定位：自然人资不抵债的预确认

在我国，“执行不能”案件是通过纳入终结本次执行程序进行动态管理的。[③] 目前，终本案件中超七成案件的被执行人含自然人，近六成案件的被执行人仅为自然人，如自然人破产制度能够确立，可预见有相当数量的自然人能够迅速将债务重整，轻装上阵。但不可否认，目前个人破

① 杜佳鑫、王东兴：《浅谈执前督促及和解履行机制应坚持的原则》，载《人民法院报》2023 年 5 月 24 日，第 7 版。

② 杨景城：《成都市青羊区法院强化执行案件源头治理创新执前督促方式，共促诚信社会建设》，载《四川法治报》2022 年 12 月 29 日，第 6 版。

③ 韩煦：《我国终结本次执行程序的制度建构与具体实施》，载《法律适用》2022 年第 9 期。

产制度推广仍面临较大阻力：一方面，社会公众对于个人破产抱有较大的抵触心理，我国自古存在欠债还钱的淳朴法感情，“抵制自然人破产的主因是担忧自然人破产会引发逃废债、个别清偿”；[①] 另一方面，在实施层面，个人破产制度要求极高，需要严密的政策和法规制定论证，监管层面为重点，部分社会群体诚信意识缺失，存在股东滥用公司有限责任和破产程序现象，甚至出现了“职业背债人”“职业闭店人”等黑灰产业，使得监管成本大幅提高，在经济社会高度转型时期，通过短期的程序让债务人脱胎换骨，存在较大的“成本—收益”风险。

预查废制度实质上与个人破产程序在前端功能上存在竞合，预查废制度是自然人债务预期执行不能的司法证明，实质上是对短期无法清偿债务的司法确认。综观而言，个人破产程序的理想程序主要分为“审查—确认—重整或免责—失权—复权”[②]，个人破产程序推行的困难之处在于“重整”“免责”与“复权”环节，类推企业破产的个人破产免责，重整模式社会接受度较低，个人破产中的“个人重整”“个人免责”与“个人复权”推行时机还有待成熟，而与此相对，预查废制度脱胎于个人破产制度的部分功能剥离后的内核，将个人破产的“审查”“确认”“失权”功能集合，可实现案件前期快速确认剥离的作用，以实现对自然人金融债务的快速确认，对现有执行工作有重要意义。

（三）目的：预期执行不能的执前分流

案件执行不能一直是执行工作的难题，以青羊区人民法院为例，从2021年到2024年共立金融类执行案件30356件，结案28277件，其中终本方式结案20116件，平均终本结案率高达71.13%。2023年共终结本次执行案件6175件，其中金融借款合同纠纷、信用卡纠纷等金融执行案件

---

① 最高人民法院民二庭课题组：《司法实践视野下自然人破产免责制度的构建》，载《法律适用》2022年第2期。

② 刘静、刘崇理：《建立我国个人破产制度若干问题研究》，载《人民司法》2020年第19期。

3766 件，约占全年终本案件的 61%。此外，青羊区人民法院金融审判案件年均结案超过 13000 件，其中涉无抵押财产金融案件年均 11000 余件，此类案件若进入执行程序将大概率以终本方式结案，会继续加剧人案矛盾。由于财政部规定商业银行对 10 万元以上信用卡透支款项呆账核销的前提是取得法院终结执行或终结本次执行裁定，以及许多商业银行总行通过设置起诉案件数、核销率等指标对下属机构进行考核，商业银行为了完成考核而诉讼，并未将工作重心聚焦在穷尽催收手段、防范逾期客户形成方面。① 终结本次执行案件中金融类案件占比极大，金融案件执行不能比例集中，而在全部金融执行案件中，又有极大比例以终本形式结案，金融案件与执行不能的关联性极强。

据最高人民法院统计，全国无财产可供执行案件大约占到全部执行案件的 40%至 50%，其中个人债务在执行案件中占 70%，② 过度负债的个人没有合理的市场退出机制，结果就是法院产生大量无财产可供执行案件。全国法院目前累积下来大量未实际执结的案件，其中多数处于没有财产可供执行的状态。③

当债权人被允许对破产债务人申请执行时，不但浪费债权人资源，浪费司法资源，而且债权人的实际受偿情况并未因申请执行而有所改善，会使债务人重置成本增加从而加剧无力清偿的后果，④ 预查废制度即是对重复执行不能案件的前端治理，预查废制度让大量无财产可供执行的金融案件免入执行程序，过滤重复诉执案件，控制案件总量，大幅降低金融案件司法成本，改善司法效能，同时可让诚实而不幸的债务人有机会再次回归，是切实解决执行难的有力抓手。

---

① 参见《最高人民法院关于完善信用卡监管政策维护金融安全的司法建议书》（法建〔2023〕2 号）。

② 殷慧芬：《个人破产立法的现实基础和基本理念》，载《法律适用》2019 年第 11 期。

③ 刘贵祥：《人民法院执行工作现状与分析》，载《中国应用法学》2018 年第 1 期。

④ 自然人破产处理工作小组：《世界银行自然人破产问题处理报告》，殷慧芬、张达译，中国政法大学出版社 2016 年版，第 37~38 页。

二、预查废制度的现实困境

预查废制度是以实践为中心的创新改革成果，但自预查废制度推行以来，有大力推广“预查废”机制[①]的改革导向，无预查废制度的研究文献；有大量涌现的各地法院内容相近的“首封证明”新闻，无预查废的实际效果和应用反馈。在个别学者眼中，预查废制度成为法院乃至执行法官的“自说自话”，却无学界的理论探索，预查废制度落地“浅”而“泛”的背后反映出制度适用有较大阻碍。在对多家国有金融企业调研后，笔者认识到预查废制度目前还存在一些障碍亟待扫清。

（一）预查废制度法律性质空白

预查废制度是多元纠纷化解下的改革创新成果。在与学者座谈中，有学者提出预查废制度是从法院本位出发，是仅为解决法院自身的案件量而生的技术手段，是短期内解决执行质效的变通技法，为“短期之术”而非“长久之道”，但应知“公正与效率”本为法院工作价值追求，确保公平的前提下提高效率也应为法院改革的重点方向。此外，预查废制度对执行效能的提高是通过对执行效果的类推而达成的，效率的提升并不降低公平本身。相反，在保障执行效果的前提下，对案件进行繁简分流，能极大提升执行工作的法律和社会效果，减少和预防社会矛盾。

预查废制度的研究应以法律性质为起点，预查废证明的法律效力也应基于预查废证明的法律性质。从实践来看，预查废证明的法律性质既无讨论也无定论，导致法院与金融企业在程序适用时无从下手。在与某国有银行负责人座谈中，其明确提出对预查废证明究竟是什么文书不清楚，是否中断时效不明确，后续能否继续执行不明晰，即便法院与金融企业签订了试点协议，但相关监管部门对预查废证明的认可度也不明朗，

---

① 陈如良：《以高质量金融司法护航中国式现代化》，载《人民法院报》2023 年 1 月 3 日，第 2 版。

导致金融企业面临较大的审查风险，预查废程序适用存在障碍。

（二）债权人权益保障不足

预查废制度对金融企业权益保障的不足体现在程序和实体权利保障两方面。预查废制度通过近期的执行结果推定债权执行结果，减少执行不能案件进入执行程序，对金融企业而言的激励主要在于减少时间成本。与此相对，在预查废制度试行中，金融企业在关注便捷的证明和核销程序的同时，也提出了一系列的问题。

在实体权利方面，债权人关注自身债权的真正实现，如交通银行信用卡中心负责人在座谈中提到，该银行对 10 万元以下的小额信用卡案件无须文书核销，10 万元以上的信用卡案件需要终本或终结裁定方能核销，在应用预查废制度时有一定的局限性，其现有的主要做法是通过执行中的强制措施推进被执行人主动消减债务，而银行可以在执行过程中通过放弃利息罚息等方式推进本金的收回。进一步说，金融企业担心预查废证明缺失执行强制措施对债务人有着反向激励效果，让债务人认为银行已经放弃了债权，从而可能进一步加大金融企业的债权资金收回难度。

此外，金融企业在被执行人存在不动产及动产等财产保全顺位、银行账户的冻结等方面有担忧，如预查废制度能否确保债权人的债权得到执行顺位保障，预查废证明是否具有参与分配其他查封财产的文书功能。在程序权利方面，预查废证明制作好后，债权是否还受执行时效限制，执行时效是否中断抑或参考终结本次执行的时效限制，经过执行时效后债权人是通过重新申请立案执行还是恢复执行都没有明确结论，这些都是首要且必须解决的问题。

（三）预查废制度运行管理失位

理论上，预查废证明可适用于诉中和执前阶段：（1）尚未审理结束的金融案件，可在民事案件结案后，搜索案件关联执行案件，由合议庭合议后，向银行送达裁判文书的同时，出具预查废证明。（2）对于准备进入执行的金融案件，由立案庭或执行局负责立案的人员审查，立“执前督”案号，由相关人员同步进行关联案件查询，由合议庭合议后，出具预查废证明。

在内部管理方面，部门分工还不清晰，如预查废制度在设计之初应确保债权人的顺位利益得到保障，预查废应当同时采取保全措施，从而确保债权人日后的继续执行权益。但在实践中，执前督促程序无法直接采取强制措施，仅能通过审判系统制作文书并送交执行保全部门予以实施，本应提高的效率在实践中成为执行部门的负担。此外，因立案部门缺乏相应的机制激励与操作权限，导致本应减轻的工作压力重新回归执行部门。

在外部管理方面，预查废制度与终结本次执行程序均是对债权执行不能的确认程序，其也应受到严格的适用管理，如在适用该程序前置条件限制、适用中的严格审查以及适用后的维护管理等方面都需进行规范要求，以防止预查废程序成为无救济途径的简易终本程序。

三、预查废制度的理论证成

缺乏理论奠基的制度创新似无源之水，产出的实践也必定局限于机械复制，金融企业对预查废制度的疑惑和担忧均来自理论供给不足，预查废文书的全部法律后果取决于制度的理论基础，预查废证明的本质是对相同债务人案件类推适用前案已决结果，故此，我们寻径于民事诉讼法基础理论，对预查废制度进行理论补强。

（一）类比基础——执行责任财产

财产的积极功能是满足需要的财产，财产的消极功能则是满足责任的财产，[①] 金钱债权是以给付一定金额为目的的债权，为实现这一权利，

① 邢会丽：《民事强制执行中的责任财产问题研究》，西南政法大学2020年博士学位论文。

应以债务人所有的财产为强制执行的客体，在学理上称为“责任财产”。[①]在财产类执行程序中，执行措施的采取、执行案件的结果以及执行案件的结案方式均由被执行人责任财产决定，而民事执行程序的设计即是以责任财产为中心的具象化。

预查废制度是围绕责任财产而生的制度，一方面预查废制度经过全面的案件查询和类案比照，确认被执行人的近期责任财产情况；另一方面，预先查询确认被执行人无可供执行的责任财产情况下，预查废程序通过高效快速的流程使其快速分流。执行的目的在于从速实现权利，而并不是确认权利。[②] 民事执行办案过程中，对被执行人财产进行形式判断，从而将主动权重新移交到权利人手中，让权利人充分判断其债权实现的可能性及执行结果，让执行为民的理念贯穿全过程。预查废制度的附加措施也应紧密围绕责任财产，确保被执行人的责任财产不因预查废程序而流失，同时保障当被执行人责任财产恢复或增加时，预查废制度能快速衔接执行程序。

（二）推定基础——共同诉讼理论

在执行程序中，类推适用前案结果相比审判更具合理性，一方面审判注重请求权基础和诉讼标的，而在财产执行中主要关注被执行人的责任财产，故合并执行相较共同审判更加便利；另一方面，审判体现终局性而执行表现出阶段性，被执行人的财产大多是分段式获得，在执行未全部到位的情况下，多次执行更符合财产取得规律，故适用近期执行结果并不会导致债权人的实体权利受损，相反可以节省当事人大量的金钱和时间成本。

正如学者所言，“纠纷一次性解决”目的的实现至少存在如下两种重要的途径。一种是将与案件相关的关系人全部引入诉讼当中，在同一程

---

① 陈世荣：《强制执行法诠解》，我国台湾地区国泰印书馆有限公司 1980 年版，第 27 页。

② 马家曦：《执行程序之形式化原则研究》，西南政法大学 2020 年博士学位论文。

序中处理多个纠纷，实现纠纷的一次性解决；另一种则是扩大判决效力的主观范围，使未参与诉讼之人亦受判决效力扩张。[①] 对于同一种类诉讼标的的民事案件，我国诉讼法采取的即为折中处理：一方面，采取公告登记和代表人等制度尽可能多地吸纳诉讼当事人，从而最大程度上实现纠纷一次性解决；另一方面，我国《民事诉讼法》第 57 条第 4 款[②]同样规定作出的裁定对未参加诉讼的当事人可直接裁定适用该裁判。我国《民事诉讼法》第 57 条规定了共同诉讼制度。[③] 实际上，不论是德、日还是美国，其实都是为避免同一诉讼程序过于复杂进而违背诉讼经济原则。[④]

执行相比诉讼更加注重效率价值，而普通共同诉讼模式下的统一处理及裁定适用为执行工作提供了理论基础。与审判不同，财产性案件的执行注重被执行人的清偿能力，在财产型案件执行中，当其他申请执行人通过合法完整的执行程序后仍未发现被执行人有可供执行的财产，他人再次申请清偿债务方符合共同诉讼的设计理念，因同一被执行人在其他条件一致的情况下，如无任何可供执行的财产，也无预期收入，其应适用其他已立案执行结果。

理论上存在多对多的情形，实际上是共同执行模型的变形。在共同诉讼中同样存在多对多的情况，但因被执行人为多数，现实中可执行财产变化更加复杂，故而也不宜通过其他执行结果直接适用，因多债务人的情况下，责任财产恢复的可能性更高，不确定性更大。

故此，建立以被告相同的“共同执行”模型即是以责任财产为中心的执行理念回归，此外，参照共同诉讼规定，预查废文书的性质在理论

---

① 曹云吉：《多数人诉讼形态的理论框架》，载《比较法研究》2020 年第 1 期。

② 《民事诉讼法》第 57 条第 4 款规定：“人民法院作出的判决、裁定，对参加登记的全体权利人发生效力。未参加登记的权利人在诉讼时效期间提起诉讼的，适用该判决、裁定。”

③ 《民事诉讼法》第 57 条第 1 款规定：“诉讼标的是同一种类、当事人一方人数众多在起诉时人数尚未确定的，人民法院可以发出公告，说明案件情况和诉讼请求，通知权利人在一定期间向人民法院登记。”

④ 刘君博：《当事人与法院交互视角下共同诉讼研究》，载《清华法学》2022 年第 6 期。

上应为裁定书，“共同执行”模型实质上也是执行办案实践的规律总结，在办案系统相同、办案规范统一的前提下，将被执行人相同的多案进行实质统一办理，可达到减少执行成本、保障执行公平的目的。

（三）处分基础——财政规章授权

《民事诉讼法》第 13 条[①]明确规定了当事人享有处分权利，权利人享有在诉讼中处分自身实体和程序权利的自由，在形式层面，“当事人在民事诉讼程序中同样享有意思自治的权利，在诉讼领域同样可以自由处分自己的实体权利”；[②] 在内容层面，处分原则有三项基本主张，即是否开启程序由当事人决定，当事人决定程序的内容以及程序的终结由当事人决定；[③] 在效力层面，处分权既对法官产生制约效力，也对权利主体自身具有相当的约束效力。[④]

在诉讼及执行立案等程序中，金融企业处分自身权利且不损害他人的情况下，法院应予许可，但特殊之处在于金融企业尤其是国有金融企业的处分权不仅是机构本身的意思表示，更应是国家财政的授权意思表示，国有金融企业无授权前提下的处分权利可能会导致国有资产的流失，故此，国有金融企业在诉执阶段的处分权必须由国家财政规章明文授权，相关的财政部门规章为我们提供了基础。

2017 年 8 月 31 日财政部出台的《金融企业呆账核销管理办法》（以下简称《办法》）第 9 条规定，借款人在同一金融企业的多笔债务，当其中一笔债务经过该金融企业诉讼或仲裁并取得无财产执行的终结（中止）执行或者终结本次执行程序的裁定，或者虽有财产但难以或无法执

---

① 《民事诉讼法》第 13 条规定：“民事诉讼应当遵循诚信原则。当事人有权在法律规定的范围内处分自己的民事权利和诉讼权利。”

② 张卫平：《论民事纠纷相对性解决原则》，载《比较法研究》2022 年第 2 期。

③ 任重：《我国民事执行基本原则：功能重塑与系统整合》，载《中国应用法学》2022 年第 5 期。

④ 陈文曲：《我国民事诉讼基本原则的内在沟通逻辑》，载《法律科学（西北政法大学学报）》2022 年第 4 期。

行的终结（中止）执行或者终结本次执行程序的裁定，对于该借款人的担保条件不超过该笔债务的其余债务，金融企业可以依据法院或仲裁机构的裁定、内部清收报告及法律意见书核销。

《办法》第10条规定，借款人在不同金融企业的多笔债务，当其中一个金融企业经过诉讼或仲裁并取得无财产执行的终结（中止）执行或者终结本次执行程序的裁定，或者虽有财产但难以或者无法执行的终结（中止）执行或者终结本次执行程序的裁定，对于该借款人的担保条件不超过该笔债务的其余债务，其他金融企业可以依据法院或仲裁机构的裁定、内部清收报告及法律意见书核销。

贷款核销是一种银行内部的账务处理过程，即用贷款损失准备金（该准备金系由商业银行等金融企业向央行按照一定比例交纳）冲销不良贷款。[①]《办法》提出的两类核销方式即为根据已实际执行不能的单笔贷款直接核销其他剩余贷款，以提高呆账的核销效率。《办法》第9条是对同一金融企业的同一债务人不同贷款的类推核销，第10条是对不同金融企业的同一债务人不同贷款的类推核销。

金融企业不仅需要及时核销呆账保障资金周转，同时还需要对呆账核销进行管理，《办法》在增加核销方式的同时也大大加强了对核销资产的管理规定，核销后并未免除贷款人的还款义务，并不意味着一经核销银行就放弃了债权，而是继续保留追索权，也就是“账销案存”。[②]因此，预查废制度既是对《办法》新规的问题解决，同时也是实质补强，预查废证明的开具可大幅增强金融企业的核销动力，提高金融流动性，促进金融企业进行核销，同时金融企业在规章的授权下，让预查废制度有了充分的权利基础。

① 齐砺杰：《个人破产的金融维度》，载《中国政法大学学报》2019年第4期。

② 黄金龙、邱鹏、魏丹：《银行呆账核销与终结执行之关系》，载《人民司法》2014年第3期。

四、预查废制度的规范构建

预查废制度有正当的法理和法律基础，但预查废制度涉及多主体和多部门，在实践操作中存在较多程序障碍，主要集中在文书内容、法律效力以及运行管理方面：首先，在预查废文书方面，预查废证明实质上是未经执行程序的预决文书，适用对象需进行严格限制；其次，预查废程序内容需保障金融企业权益，效力层面需充分考虑金融企业需求；最后，在运行管理方面，预查废制度的定位决定预查废制度涉及法院多个部门权责交叉，此外预查废制度仍处于不受监管的“体外循环”阶段，对其也应规范管理。

（一）宏观——完善运行管理

预查废制度涉及立案、审判、执行多个部门，分工协作是预查废制度运行的关键，而部门职能协调效率决定了预查废制度运行效率。党的二十届三中全会强调要健全公正执法司法体制机制，强化对执行活动的全程监督，[①] 对预查废制度进行全流程监管是优化的应有之义，监管也需分工配合，采取“形式+实质”双审查后纳入预查废“案件库”的三位一体模式有较强操作性。

1. 快速形式审查

在预查废制度的形式审查方面，预查废事实上仅对已生效的近期终本裁定和被执行人财产进行形式审查，执行本身的行政属性与立案庭的管理属性叠加，造就我国执行立案的独特功能定位。[②] 在形式审查方面，立案部门具有独有的审查优势，可以快速根据已有案件情况和申请材料进行形式审查。与此同时，繁简分流理念在立案部门已经得到广泛适用，

① 《中共中央关于进一步全面深化改革 推进中国式现代化的决定（2024 年 7 月 18 日中国共产党第二十届中央委员会第三次全体会议通过）》，载 https：//www. gov. cn/zhengce/202407/content_ 6963770. htm？sid_ for_ share=80113_ 2，2024 年 12 月 16 日访问。

② 郑涛：《民事强制执行立案审查论》，载《中国政法大学学报》2023 年第 2 期。

立案部门的综合属性决定其便于同其他部门沟通，以更加高效地查明要件事实，[①] 预查废制度作为繁简分流的新型程序在立案庭也可得到迅速推广。探索立案庭作为预查废制度形式审查的部门具有较大优势，同时也可在一定程度上减轻执行压力，便于执行部门统一实质审查。

2. 全面实质判断

在事实判断方面，预查废证明内容即债务人已实际执行不能，并附已决终本裁定，在此方面，由执行部门进行判断和证明开具更具优势，原因有三：其一，执行部门掌握更为完善的案件信息和财产情况，可对预查废案件作全面判断；其二，执行不能的判断是执行权的重要内容，执行部门具有的执行权基础也是预查废证明的正当性来源；其三，由立案部门移送的拟预查废案件仅为形式判断，仍有可能存在误判，多部门交叉有助于预查废适用的监督和保障。

3. 案件建库管理

在预查废的全流程管理方面，可采取类似终本程序的单独管理模式，对于预查废案件进行建库管理或合并入终本库管理模式，可通过定期查询的方式检索类案的执行情况，如类案出现执行到位的情况，应尽快通知金融企业采取相关措施，可通过执前督促程序参与分配或保全等措施保障金融企业合法权益，畅通预查废案件库出入通道，从而建立预查废制度的全流程管理模式。

（二）中观——落实权益保障

正如学者所言，案件分流和职能延伸难以也不应削弱民众真正的司法需求，预查废制度不应也不能忽视金融企业的真正司法需求，对金融企业的保障是预查废制度规范的核心考量因素，预查废制度应当落实金融企业的权益保障。

① 郑涛：《民事强制执行立案审查论》，载《中国政法大学学报》2023年第2期。

1. 坚持立案登记制原则

根据相关法律规定，生效法律文书有给付内容且执行标的和被执行人明确，权利人或其继承人、权利承受人在法定期限内提出申请，属于受申请人民法院管辖的应当登记立案。[①] 预查废制度对审执程序有简化作用，预查废理论上可存在于审执的任何阶段，但任何程序跳跃均需以债权人的处分原则为支撑。预查废程序中，法院可依职权进行审查并作出的基础也在于债权人的同意，故而原则上在债权人要求法院继续诉讼或执行的前提下，法院应予诉讼和执行。此外，预查废制度使用前需将法律后果与适用条件等明确告知金融企业。在适用预查废程序中，可探索建立执行不能案件执行听证制度。通过执行听证程序，充分保障当事人的参与、监督权利，保证司法公开和裁决结果的准确性。[②]

2. 依法中断申请执行时效

现阶段，我国申请执行时效仍需按照《民事诉讼法》第 250 条和《民法典》第 195 条的规定。[③] 根据《最高人民法院关于审理民事案件适用诉讼时效制度若干问题的规定》第 11 条第 5 项的规定，债权人首次申请执行即导致诉讼时效中断，且一经发生即不可逆转，不受申请未被受理或驳回的影响。金融企业预查废文书开具即可中断时效重新计算，预查废证明作为金融企业积极主张权利的结果，也具有中断申请执行时效的作用。

3. 落实账户保全需求

在与多家金融企业的座谈中，较多金融企业担心采用预查废制度会减损其胜诉权益：一方面，未经法院的强制执行将无法完全保障其债权权益，未对被执行人采取“一对一”的查封冻结、限制高消费、列入失

① 《关于人民法院推行立案登记制改革的意见》，载 https：//www. chinacourt. org/law/detail/2015/04/id/148116. shtml，2024 年 12 月 16 日访问。

② 苏良波、崔永峰：《执行不能案件的认定与处置》，载《人民司法》2020 年第 7 期。

③ 《民法典》第 195 条规定：“有下列情形之一的，诉讼时效中断，从中断、有关程序终结时起，诉讼时效期间重新计算：（一）权利人向义务人提出履行请求；（二）义务人同意履行义务；（三）权利人提起诉讼或者申请仲裁；（四）与提起诉讼或者申请仲裁具有同等效力的其他情形。”

信名单等强制执行措施；另一方面，如果发现该关联案件的被执行人有财产线索，法院会优先兑付关联案件申请人的胜诉权益，申请人重新申请执行时，可能已无足额财产可供执行。金融企业担心其单独的保全行为的缺失，会引发后续程序的不便。预查废制度在现阶段的账户冻结需要通过执行保全措施予以保障，但预查废保全的难点实质在于保全的独立。换言之，如不通过执行立案，则保全程序没有实际案件编号对应，无法进入系统。对此，解决办法为建立“执前督”案号关联保全案件，同时通过诉讼案件建立保全的前置程序，即以执前保全的形式对金融企业的顺位利益予以保障。

4. 畅通金融企业税前扣除流程

金融企业预查废制度适用中，金融企业也提出了税前扣除的疑问。资产税前扣除主要依据《财政部、国家税务总局关于企业资产损失税前扣除政策的通知》（财税〔2009〕57 号），该通知仅将无财产情况纳入扣除范围，但在《金融企业呆账核销管理办法》（2017 年版）中实质上将有财产但不能执行到位的案件也纳入核销范围，两者的差异会导致金融企业核销的动力减弱，[①] 此点也是现有难题，对该问题的解决可从两方面探索：一方面，可通过扩大解释将无财产情况解释为无可供执行财产，将有财产但无法执行的情况纳入；另一方面，法院可会同税务和财政部门协商，以签署会议纪要或备忘录等形式将该种情况予以释明，从而打通预查废税前扣除全部通道。

（三）微观——细化程序内容

预查废制度适用需对程序进行细化，预查废程序的正当基础决定了预查废程序的内容及适用对象。

1. 债权人范围限制

如前所述，财政部门规章授予金融企业的处分权是预查废制度的正

① 陈恂如：《新常态下信用卡呆账核销变革与展望》，载《中国信用卡》2020 年第 4 期。

当性来源之一，金融企业在执行中的效率原则远超一般主体，财政规章的适用规则明确对象为金融企业，故而金融企业可通过预查废制度实现债权处置的合法性。在实践中，金融企业不仅包括银行，还包括贷款公司、保险公司等。预查废制度的适用理论上也可包含此类机构的核销。

2. 债务人范围限缩

预查废制度适用的债务人对象须为自然人，对于公司及其他法人组织，公司法以及企业破产法有明确的规定。预查废制度对法人等组织的功能有限，对公司执行有可能启动追加公司股东的变更被执行人程序、公司破产程序等。预查废程序对债务人为非自然人的执行无法达到预期效果，故预查废制度的债务人范围应限定为自然人。

3. 类比文书的范围限缩

预查废制度借鉴共同诉讼原则，是对已生效裁定的推定适用，故对同一债务人存在已生效的近期执行不能文书是预查废制度的基本要求。在检索终本裁定的范围以及作出终本裁定的时间方面，各地法院可查的终本案件范围大多限于本省范围，故考虑实践现状，预查废制度的查询类案范围可参考本省内案件，省内类案对债务人财产查询更为精确。此外，在终本裁定作出的时间要求上，考虑到对银行账户的控制时间以及执行时限，可考虑将 12 个月内作出的终本裁定作为参考标准，此时间亦可兼顾执行措施期限。

4. 债务人执行不能范围限缩

预查废制度适用的债务人应当是标准执行不能主体，应具有“暂时因生活困难无力偿还欠款，无稳定收入来源，仅能保持本人及其所扶养家属基本的生活、教育费用，又在短期内暂无明显好转迹象”① 的前提，债务人应当无可供执行的财产，此时应当重点审查其他类案的执行财产情况。被执行人无财产可供执行也可能涉及财产被多轮查控的情况，有财产但执行不能如无益处置等情况，如上所述，该情况也可进入预查废

---

① 张欢、朱跃星：《执行不能案件的认定规则》，载《人民司法》2020 年第 8 期。

程序，但应做限缩。

五、结语

为了人民而改革，改革才有意义；依靠人民而改革，改革才有动力。[①] 预查废制度顺应时代发展需要，是以多元纠纷化解为中心的制度创新，其制度价值内涵不仅在于案件数量的控制，更在于借鉴审判程序中的“纠纷一次性化解”机制，探索执行领域的“共同执行”模式。预查废制度可能并非金融案件分流的最终模式或唯一名称，但预查废制度让执行理念回归责任财产。预查废制度的未来方向应继续以保障当事人合法权益为出发点，以金融案件为抓手，以促进金融流通为目的，加之技术和数据的升级助力，相信预查废制度对执行不能金融案件治理将会有质的突破，促使新时代为民司法向纵深发展！

① 最高人民法院：《必须自觉把改革摆在更加突出位置——从党的二十届三中全会部署看进一步全面深化改革走向》，载 https：//www. court. gov. cn/zixun/xiangqing/438621. html，2024 年 12 月 16 日访问。

到期债权执行第三人异议问题研究

王燕华[*]　徐景华[**]　王　坤[***]

到期债权执行是一种特殊的执行方式。与执行被执行人其他责任财产不同，到期债权执行制度是代位权理论在执行程序中的简化和突破，是追求执行效率、节约司法资源的产物。[①] 到期债权执行制度已成为执行工作中不可或缺的一种执行手段，其简捷、快速的执行特点，对于解决“三角债”问题、保护申请人权益发挥了重要作用。但也正是由于其与生俱来的特殊属性，诞生至今在理论和实务界争议不断。

随着对程序正义的愈发重视，以往单纯追求执行效率的时代已成历史，形式规范、权利保护愈发重要。目前，到期债权执行中第三人权利保障不充足等问题依然突出。本文从到期债权第三人异议制度的法律适用现状出发，结合法定期限内异议区分和处理、法定期限外异议程序构建两方面进行探讨，力求解决到期债权第三人异议制度运行中的突出实践问题，以期为同类案件处理提供参考。

---

* 上海市金山区人民法院副院长，三级高级法官。
** 上海市金山区人民法院执行局局长，三级高级法官。
*** 上海市金山区人民法院执行局一级法官助理。

① 陈荃：《被执行人到期债权执行的若干问题》，载《人民司法》2015年第3期。

一、到期债权执行第三人异议制度的现状检视

（一）到期债权执行第三人异议制度的立法发展

通过法律规定赋予次债务人充分的抗辩机会是程序正义的基本要求。自1992年初创到期债权制度以来，到期债权执行在我国立法沿革已超过30年。执行内容历经数次修改完善，已形成较为完整的处理流程。与之相对应，为保护“无端”被纳入执行程序的第三人权益，到期债权执行的第三人异议制度规则亦在不断细化完善、与时俱进。1992年《最高人民法院关于适用〈中华人民共和国民事诉讼法〉若干问题的意见》第300条规定首次创立到期债权执行制度，明确将债权执行的范围限缩为第三人没有异议的情形。此时“第三人异议”虽作为否定性要素为到期债权制度所规定，但关于异议后续处理等均未提及。1998年《最高人民法院关于人民法院执行工作若干问题的规定（试行）》（以下简称《执行规定》）中用一整章九条的篇幅对到期债权执行制度进行了细化，第三人异议规则内容进一步翔实。第三人异议期间、异议方式、异议审查、异议后果等都有了明确的规定，为到期债权第三人异议的执行程序操作和实体处理提供了基础规则指引，第三人权益得到进一步的保障。2015年制定的《最高人民法院关于适用〈中华人民共和国民事诉讼法〉的解释》（以下简称《民诉法解释》）第501条（2022年修正后为第499条）对到期债权执行规则进一步优化，在变价措施的基础上增加保全措施，加大对到期债权执行的力度。同时进一步明确异议审查规则，并将已决债权明确排除在异议理由之外，为异议问题处理进一步指明了方向。在已终止审议的《民事强制执行法（草案）》（以下简称《强制执行法草案》）中，对到期债权执行异议方式等作出了许多创新性规定，异议处理规则进一步清晰明确，契合了当前第三人异议的司法现状。虽然《强制执行法草案》已终止审议，但其关于到期债权的创新性规定仍值得未

来立法借鉴和参考。

(二) 到期债权第三人异议法律适用现状检视

为了保护第三人权益，我国在到期债权执行实施过程中引入第三人异议机制，并进行了大量的法律修改完善工作。但相较于日益复杂的异议情形，现行裁判规则在部分异议问题处理上仍然不够清晰。

根据异议内容的不同，到期债权执行的第三人异议可分为程序异议和实体异议两种。程序异议主要指第三人针对与债权债务实体权利关系无关的程序性事项所提出的异议，具体而言，包括执行措施不规范，如未用裁定形式而以通知形式告知强制执行第三人、送达程序不规范等异议；也包括因否定实体权利义务关系衍生的程序性异议，如被执行人与第三人之间的债权债务关系已过诉讼时效、已决债权中被执行人对于第三人的债权债务关系已过申请执行时效等。通常来讲，针对程序性异议适用执行异议与复议程序解决即可，实践中争议较小。实体异议主要是基于被执行人与第三人之间的债权债务关系而提出的异议，主要有基于到期债权是否存在，债权数额多少，债权已经清偿、抵销、免除等实体权利义务关系所提出的异议。对于实体异议的处理往往颇为踌躇，根据异议期限内外的不同，不同阶段异议是否需要审查、如何审查等均有争议。实践中存在不同法院做法不一的现象，既影响到期债权执行制度运行，也有损司法权威。因此本文着重通过对异议期限内外不同种类异议的梳理和界定，分别探讨其相应异议处理路径，尝试构建、完善到期债权执行第三人异议处理的整体规范化流程。

二、法定期限内第三人异议的区分和处理

《民诉法解释》首次规定了在送达限期履行通知书的同时可以向第三人发出冻结债权的裁定。这一规定进一步禁止了被执行人处分其到期债权及第三人向被执行人清偿债务的行为。实践中为了提高执行效率，通

常执行人员将“限期履行通知”和“冻结裁定”两种法律文书一并送达。对于部分执行人员和第三人而言，一次送达两种不同的法律文书，究竟构成几种执行行为存在理解混乱的问题。“冻结行为”和“限期履行行为”二者之间有何关系，是休戚与共还是彼此独立，需要进一步明晰。部分执行人员将上述两行为混为一体，导致出现“只要第三人提出异议，不论异议是针对限期履行行为还是冻结行为，都不再继续执行并解除所有执行措施”的错误局面。实践中也存在“第三人混淆认识，认为在法定期限内提出异议后便不再负有任何义务，滥用异议、违法转移债权”的现象。因此，有必要对到期债权执行过程中所采取的“冻结行为”和“限期履行行为”加以界定、区分，并针对两种不同的执行行为分别探讨其异议路径。

（一）“冻结行为”和“限期履行行为”的联系与区分

1. 结合——共同构成到期债权执行制度

追溯到期债权执行制度立法沿革，不难发现制度设立之初并未有对债权实施“冻结行为”的相关规定。《民诉法解释》的出台，对到期债权的性质进行了重新定位，将到期债权作为一种利益纳入被执行人财产的范围，对其采取的执行措施也与对其他财产形态采取的措施实现了一致性。[①] 这一关于债权“冻结行为”的创设性规定使得到期债权的执行更加富有保障。但规定中“冻结行为”的要求用语为“可以”而非“应当”，换言之，未对债权采取冻结行为亦不影响到期债权执行的实施。这就导致在理论上，冻结债权的行为是否构成到期债权执行制度的一部分存在争议。

笔者认为，将“冻结行为”作为到期债权执行制度的一部分加以考量论证，更加有利于到期债权执行实施统一、异议界定清晰。“限期履行行为”和“冻结行为”共同组成了现行到期债权执行制度，主要有以下

---

① 王建：《代位执行制度的规则构建》，载《人民司法·应用》2016年第25期。

几点理由：（1）在法律渊源方面，《民诉法解释》对到期债权执行的规定中明确了冻结行为的实施规范，为冻结债权行为纳入到期债权执行制度提供了直接的法律依据。（2）从执行效果出发，冻结债权行为可以限制第三人滥用异议清偿和处分到期债权，和限期履行行为结合实施更能保障债权执行的可能性，有利于保障申请人的利益。（3）从实践操作来看，出于便捷、效率等因素考量，执行人员往往会将冻结裁定书同限期履行通知书一并送达第三人，且渐已形成较为普遍、统一的执行操作范式，"冻结债权行为"已事实上成为该制度不可或缺的一部分。

实际上，到期债权执行制度具有债权保全的效力属性并非《民诉法解释》的新鲜产物。1998 年制定的《执行规定》第 61 条第 2 款（2020 年修正后为第 45 条第 2 款）中"不得向被执行人清偿"就已经对第三人向被执行人清偿债务进行了限制，蕴含债权冻结保全之义。《民诉法解释》不过将该债权保全措施进一步具体化，使到位债权执行制度更加规范、严谨，富有操作性。虽然依条文解读，"可以"作出冻结裁定，当然也可以不作出冻结裁定。不作出冻结行为时也不影响到期债权执行的实施，但这并不与"冻结行为构成到期债权执行制度一部分"相冲突。限期履行行为属于到期债权执行制度的必要行为，冻结行为则为非必要行为。实施冻结债权行为并非为该制度实施之基础要求，而是提升执行效果、维护申请人利益的"锦上添花"之举，应将其认定为到期债权执行制度的一部分。

2. 分离——独立法律意义的两种行为

虽然二者共同构成到期债权制度，但"冻结行为"和"限期履行行为"却是有着独立法律意义的两种行为。二者在法律实施效果方面殊为不同。

限期履行通知书送达第三人后，第三人如果在法定期限内未向法院提出执行异议，法院可直接执行该到期债权。裁定执行后，对于第三人而言此时需要承担履行到期债权的积极义务，其法律地位类似于被执行人。而冻结裁定主要是对当事人债权转移产生限制效力，是一种控制性措施。“冻结行为”所冻结的是抽象的债权债务关系，而不是被执行人直接拥有和支配的财产，该“冻结行为”对第三人没有实质的损害。第三人此时的地位应是协助执行义务人，只要其不向被执行人支付财产，便是履行了其不作为的消极义务。

（二）期限内第三人异议路径和审查处理

厘清“限期履行行为”和“冻结行为”之间的关系，是为了进一步探讨并解决第三人面对执行措施时如何救济及法院异议规范化处理问题。针对这两种措施，笔者分别探讨其异议路径和审查处理模式。

1. 对“限期履行行为”的异议方式和审查处理

根据《民诉法解释》第499条的规定，限期履行行为异议方式较为明确。执行人员发出限期履行通知后，第三人只要对该到期债权提出异议，无论书面抑或当场口头提出，执行法院都不再继续执行，而应告知申请人另行提起代位权诉讼。关于第三人异议后执行人员是否需要进一步审查的问题，学界和实务界均争议颇多。有观点认为，“对异议一概不进行审查可能架空对债权执行制度的适用。一旦收到相对人异议就不再执行该债权，不但放纵相对人滥用异议权，而且损害执行的效率与效力”。[①] 持这种观点的学者和执行人员不在少数，认为应当坚持“限缩适度审查异议内容”。

笔者不赞同上述观点，认为该异议权应为“绝对异议权”，不应当对其进行审查。首先，从法律条文解释的合理性角度而言，文义扩充解释应有限度，不得任意解释。法律条文明确规定第三人提出异议，执行人员不再继续执行，将“不再继续执行”强行解释为“可以对到期债权进行适度审查”，显然过于牵强，有违立法本意。其次，第三人异议内容主要涉及债务不存在、债务抵销等实体法律关系，执行机构本就无权加以

① 谭秋桂：《对债权执行制度的反思与重构》，载《人民司法》2021年第10期。

审查，即便是适度审查，也难免会有“以执代审”之嫌。许多学者虽持“限缩适度审查”的观点，但关于适度审查的“度”如何理解把握也未能详细阐述，最终只能导致“适度审查”在实践操作中难以统一，成为虚无缥缈、空有指导意义的原则，造成裁量权失衡、执行混乱的局面。最后，对于异议中最常见的“第三人提出自己无履行能力或其与申请执行人无直接法律关系”的理由，修改后的《执行规定》已明确将其排除在异议范围之外。其他异议内容多涉及实体法律关系，均需要通过诉讼审理加以明确。

实践中要避免过度司法，防止司法权滥用侵害第三人合法权益。因此笔者认为，第三人在法定期限内对限期履行行为提出异议，除了法律规定明确排除的几种情形外，均应停止执行并告知申请人可以向第三人提起代位权诉讼。

2. 对“冻结行为”的异议方式和审查处理

对到期债权执行过程中采取的“冻结行为”是否需要另外提出异议、如何异议等问题，法律未有明确规定。毋庸置疑的是，执行措施影响当事人自身权利时，法律上必须给予其一定的程序救济方式，这既是执行权力监督的应然之义，也是保障当事人权利的必然要求。实践中，不少执行人员认为只要第三人提出异议，所有执行措施均应停止，包括冻结措施也应该及时解除，以避免实践中申请人不及时代位诉讼、债权一冻数年的现象发生。[①] 此种观点仍旧属于对“限期履行行为”和“冻结行为”两行为的界定不清所致。鉴于“冻结行为”不同的法律效果，有必要对其异议程序单独加以分析、明确，以健全完善该制度异议处理的闭环逻辑。

到期债权执行实施过程中的“冻结行为”依旧是债权的一般担保理论在执行中的体现，到期债权也属于被执行人责任财产的一种，对到期债权实施的“冻结行为”与对其他种类被执行人名下财产采取的“冻结

① 黄志佳：《到期债权停止执行的冻结措施应解除》，载《人民法院报》2021 年 8 月 26 日。

行为”如冻结银行存款等在性质上并无不同。第三人对“冻结行为”提出异议时，应采取与被执行人对一般“冻结行为”相同的异议审查处理模式。即依照《民事诉讼法》第236条之规定，第三人对“冻结行为”提出执行异议后，审查判断执行措施是否规范、得当，裁定“冻结行为”是否合法有效，异议后第三人对裁定结果不服可向上级法院申请复议。需要注意的是，针对“冻结行为”所提出的异议指的是对行为本身所提出的异议，属于行为异议的范畴，而关于“冻结的债权是否存在”等实体争议，不属于上述异议审查范围。如上所述，冻结的债权为抽象的债权债务关系。如第三人认为该债权并不存在，则该冻结自然无效，也未对其造成实质损害，无须再通过法律程序加以确定。第三人以此作为异议内容，法院可直接裁定予以驳回。

三、超过法定异议期限第三人的权利救济

法定期限内第三人未提出异议，裁定强制执行到期债权后第三人又提出异议，该如何处理？实践中观点不一。目前形成共识的是，法定期限内未提出异议，法院可以直接对该到期债权强制执行，但是第三人在执行后仍应得到司法救济。这一点在最高人民法院执行工作办公室答复辽宁省高级人民法院的复函（〔2005〕执他字第19号）中已经明确。[①] 最高人民法院裁判的相关案例中也有所体现，如最高人民法院（2020）最高法执监507号一案的执行裁定书中，就明确提出第三人未于法定期限内提出异议并非视为其默认债权存在，第三人仍然可以以债权消灭等实体事由提出执行异议。[②] 那么异议期限的设定是否仍有必要？超过法定异议期限第三人如何行使救济权？异议处理程序如何构造？均值得进一

① 参见《最高人民法院执行工作办公室关于到期债权执行中第三人超过法定期限提出异议等问题如何处理的请示的答复》第二点：“第三人在收到履行到期债务通知书后，未在法定期限内提出异议，并不发生承认债务存在的实体法效力。第三人在法院开始强制执行后仍有异议的，应当得到司法救济。”

② 参见最高人民法院（2020）最高法执监507号执行裁定书。

步探讨。

（一）期限外第三人救济权与法律规定“异议期”之间的矛盾与平衡

依据相关法律规定，第三人需要在收到到期债权履行通知后 15 日内针对到期债权执行行为提出异议。没有提出异议而又不履行的，法院可裁定对其强制执行。但从制度设计本源来看，到期债权执行本就是执行程序的突破，更要注重对第三人权益的保护。期限内未提异议并不意味着第三人对其与被执行人之间债权债务关系的实体承认，超过 15 天法定异议期也应保障其救济权利。那么，对于第三人而言，“异议期”的法律规定是否形同虚设、毫无意义？

笔者认为，异议期限的设定对于限制第三人仍具有重要的法律意义。期限外第三人权利救济与异议期限的规定并非完全矛盾、不可调和。首先，明确的异议期限可以让执行机构在确定的时间范围内对异议的有无进行初步的审查判断，并为期限内第三人没有异议又不履行的情况下进行强制执行提供正当化依据，兼顾了效率和公平的价值考量。同时，异议期限的设定也可以起到积极督促第三人行使救济权的效果。如果不对期限加以限定，第三人不会有权利救济的紧迫感，将会导致出现大量“到期债权执行后第三人异议”的情况，增加司法成本、浪费司法资源。其次，虽然通过最高人民法院的相关案例折射出“超过法定期限后第三人权利也应得到保护”的价值倾向，但异议期限内外对于第三人权利保护的程度却有所不同。法定期限内第三人提出异议，除法律已明确排除的几点异议理由外，执行法院对异议内容不作审查、无条件停止执行。第三人权利保护程度高，且救济方式简单。相比之下，法定期限外第三人提出异议，权利救济程序更为复杂，尤其是对已经执行的部分如何执行回转等问题法律暂无明确规定，无疑会使第三人徒增诉累，加大其权益保护难度。最后，期限内外异议的对象、审查模式及处理效果均大不相同。法定期限内到期债权执行异议对象为执行法院的“限期履行行为”和“冻结行为”。针对两种行为法院应分别采取不同的审查模式，即“冻结行为”依据行为异议的相关规定直接予以审查；对“限期履行行为”的异议法院不负责审查，而是告知申请人提起代位权诉讼。与期限内异议不同，法定期限外异议的对象主要为法院针对到期债权裁定强制执行的行为，此时第三人的地位近似于被执行人，其所提异议的法律效果及审查处理模式均有所不同。

（二）法定期限外第三人权利救济的途径和审查模式构造

关于法定异议期限外第三人的权利救济，究竟应依照《民事诉讼法》第236条之规定提出行为异议，还是依照《民事诉讼法》第238条针对执行标的提出案外人异议，抑或通过其他诉讼程序解决，亟待明确。实践中，异议期满后根据法院是否已作出并送达强制执行裁定，第三人异议可以分为两种情况：第一种为法定异议期满，但法院尚未作出强制执行到期债权的裁定。第二种为异议期满后执行法院已制作并送达强制执行的裁定文书。两种情况下第三人所处境地显著不同，其权利救济方式和审查模式应分别加以探讨。

1. 异议期满、裁定强制执行前的异议处理

《执行规定》第49条规定：“第三人在履行通知指定的期限内没有提出异议，而又不履行的，执行法院有权裁定对其强制执行。此裁定同时送达第三人和被执行人。”实践中，由于执行工作事务繁杂、第三人身处外地等多重原因，大量案件无法做到异议期满就对第三人裁定强制执行并送达相关当事人。这样在异议期满后和裁定强制执行前存在一定“时间差”。该时间差内，若第三人向法院提出异议，如何处理成为难题。有执行人员认为，若在此期间内的异议也采取“不审查”模式，既不利于保障申请人权利，同时也会使申请人对法院执行工作的“不及时”心存不满，将执行不到位归咎于法官拖延执行，容易产生信访矛盾。

笔者认为，对此阶段异议继续采取“不审查”模式利大于弊，更加符合当前到期债权执行制度的运行现状。对于第三人而言，除了异议提出时间略有不同外，该期间内异议对象、异议内容等均与异议期内提出无任何区别。针对同一对象所提出的相同异议内容，异议期限内采取不审查模式，而仅仅相隔数天的异议期满时则采取审查模式，难以在体系上保持连贯、协调。从异议审查效果来看，异议提出后执行法院通过异议审查也不能解决实体争议问题。争议未清的情况下裁定继续执行显然也不合理。审查程序只会徒增司法诉累，对执行工作开展不能产生积极意义，既无效率可言，也显失公正，与到期债权执行制度设计初衷相背离。不可否认，异议期满尚未裁定执行时第三人提出异议的情形下，对异议不加审查，申请人仍需通过提起代位权诉讼确认后续债权方可进一步执行，这对申请人提出了更高的诉讼要求。但相较之下，若将“未及时裁定执行”的不利后果归咎于第三人则显然更不可取。

因此，笔者认为该阶段内第三人异议处理法院仍应坚持“不审查”模式。同时，执行人员也要进一步提高时间意识，加强执行规范化管理，尽量缩短异议期满和裁定强制执行之间的时间差。对于申请人而言，若执行人员确实存在故意拖延执行、不执行等违法现象，也可通过执行权力监督等方式保障自身权利。

2. 裁定强制执行后的异议制度架构

鉴于到期债权执行制度的特殊性，法院裁定强制执行后，第三人仍应至少有不劣于被执行人地位的救济权利。但适用何种法律程序救济，法律未有明确规定，理论界争议颇多。第一种观点认为，“第三人与执行案件本身并无直接利害关系，应为协助执行人，如果认为法院要求协助执行的内容违法，可以提出执行异议，而不能作为案外人提出案外人执行异议之诉”。[①] 第二种观点认为，最佳方案是借鉴我国台湾地区“强制

① 张红柳：《被执行人到期债权的债务人不能提起案外人执行异议之诉——安徽高院裁定三友公司案外人执行异议之诉案》，载《人民法院报》2012年6月14日，第6版。

执行法”的规定，创设新的诉讼，即由第三人直接提出第三人异议之诉，以区别于案外人异议之诉。①

第一种观点将第三人认定为协助执行义务人，笔者并不认同。裁定执行后，第三人是否依裁定履行与案件最终结果息息相关，并非没有利害关系。在已经裁定执行第三人的情况下，第三人已处于近似案件被执行人的身份，对其可采取的执行措施与一般被执行人无异，其所处地位并非协助执行义务人。第二种观点是通过创设第三人异议之诉直截了当地解决第三人与被执行人之间的实体争议。立法者对此似乎也有所倾向，在《强制执行法草案》第88条中就规定了一种新的异议之诉，② 即被执行人可以在执行终结前以申请执行人为被告向法院提起诉讼，请求不予执行，并且在《强制执行法草案》第157条对到期债权的规定中明确提出第三人认为被执行人的债权不存在等事由可以适用第88条提起诉讼。《强制执行法草案》这一系列创设性规定对于当前超过法定期限后第三人救济方式不明确的司法困境给出了直接的解决方案。但《强制执行法草案》并未生效，现阶段异议处理仍应从现行法律中寻找依据。

由于现行法律没有直接规定相应的诉讼救济程序，第三人仍应通过执行异议的方式获得救济。如上文所述，根据异议内容的不同，异议可分为实体方面的异议和程序方面的异议。需根据不同异议类型适用相应的第三人异议处理程序：一是针对程序问题异议。如第三人以到期债权实施过程不当、文书撰写有误、法律文书送达不到位等执行程序问题为由提出执行异议，第三人可按照《民事诉讼法》第236条之规定向法院提起异议。该异议属于行为异议类型，异议后由执行法院依法审查执行程序是否合法合规，相应作出驳回异议或予以纠正的裁定结果。其中，

---

① 陈荃：《被执行人到期债权执行的若干问题》，载《人民司法》2015年第3期。

② 参见《强制执行法草案》第88条规定：“执行依据生效后，发生消灭或者妨碍申请执行人请求的抗辩事由的，被执行人可以在执行程序终结前，以申请执行人为被告，向执行法院提起诉讼，请求不予执行。被执行人知道或者应当知道存在多个异议事由的，应当在异议之诉中一并主张。”

异议驳回的情况下，法院可继续强制执行。第三人对异议结果不服可向上级人民法院提起复议程序。二是针对实体问题争议。裁定强制执行后被执行人提出债权已清偿、债务抵销、债务免除等实体异议，该如何处理成为争议的重点。由于异议针对的对象是到期债权执行的裁定行为，通过执行行为异议、复议程序仅能从程序上审查裁定行为的规范与否，无法判断裁定内容本身是否存在错误。关于债权是否确实存在等实体争议最终需要通过诉讼审理确定。

现行异议相关规定中，具备实体审查功能且与第三人异议之诉较为相近的异议模式应属“案外人异议—案外人异议之诉”程序。案外人执行异议是指执行过程中案外人对执行标的的全部或部分主张实体性权利排除法院执行的制度。案外人异议主张本身就是基于实体权利而提起，不可避免地承载着实体审查功能。① 案外人异议之诉更是可以通过审理的方式，明确执行标的权利性质，决定是否阻却标的物的执行。相对于到期债权执行的标的——到期债权，第三人仍属于该标的财产的案外人范畴。第三人提出异议本质上也是为了主张该到期债权不存在以阻却标的执行，与案外人异议程序设置目的和功能相同。通过案外人异议程序，法院依法审查第三人提供的相关异议证据，确定第三人对被执行人是否存在可供执行的到期债务，情况复杂的可组织听证。第三人异议驳回后，第三人可提起案外人异议之诉主张权利，通过诉讼审查确定第三人与被执行人之间的债务是否存在或业已清偿等。有观点认为，“案外人执行异议之诉确定的是权利的有无，对应的为‘是’与‘否’，通过案外人执行异议之诉难以明晰具体的债权数额”。② 因此针对到期债权数额方面的异议，认为不应适用案外人异议之诉。但笔者以为，目前关于超过法律期限第三人异议本就没有明确法律规范，只能在现有法律框架内选择适

---

① 乔宇：《执行异议复议与异议之诉》，中国法制出版社 2018 年版，第 56 页。

② 张红柳：《被执行人到期债权的债务人不能提起案外人执行异议之诉——安徽高院裁定三友公司案外人执行异议之诉案》，载《人民法院报》2012 年 6 月 14 日。

用最有利的诉讼模式。在此背景下，不能简单因诉讼内涵的不完全一致否定该制度的适用，否则无异于因噎废食。反之，鉴于到期债权制度的特殊性，建议对第三人因到期债权执行而提起的案外人异议之诉进一步延伸诉讼内涵，审理时在明确权利有无的基础上依法确定数额，根据异议之诉的结果，决定是否继续执行。

动态系统论下借名买房协议排除强制执行的规则厘定和程序构建

吉卓烨*

摘要：在借名买房的情况下，涉案房屋被查封，借名人能否以自己是实际权利人为由阻却出名人的债权人的执行，因为立法规定的缺失，同时由于实务中对法律物权和事实物权的认识不足、混淆政策与法律的关系、对公共利益认定标准失范、执行异议之诉程序未严格落实实质审查等原因，裁决此类案件时，存在类案不同判的情况，一定程度上有损司法权威。为统一裁决标准，笔者从该类案件的实践问题入手，深刻剖析深层原因，在探析缘由的基础上，同时不改变现有立法的情况下，通过引入动态系统理论，充分论证引入动态系统论的必要性，并提炼出动态裁决中需要考察的五种要素，从而明确借名人阻却执行的标准，异议以及借名买房语境下异议之诉程序中的特殊程序规则。

随着我国房产调控政策的出台，基于规避限购政策及利用贷款优惠的目的，借用他人名义购买房屋的现象层出不穷，由此引发大量的民事纠纷，而当出名人因为债务纠纷涉及强制执行案件，“购买”的房屋被法院依法查封后，借名人可否以其为房屋的实际权利人为由提起案外人异议之诉，并对抗债权人的执行，理论界与实务界均未达成一致，相关司

* 北京市大兴区人民法院二级法官。

法解释的征求意见稿也是给出截然相反的两种方案。整体法律秩序统一性之维持，有关各个法律领域间以及在同一法律中之价值判断，应维持一致性与一惯性，方符合“体系正义”之要求。[①] 本文将深入剖析问题之根源，明晰权利定位及本质，通过引入动态系统论，立足现有立法体系探寻借名买房人异议之诉的裁判出路。

一、实践检视：异议之诉中借名人对抗债权人的现状考察

借名买房，是指借名人与出名人合意以出名人的名义购买房屋，房屋买卖合同由出名人或者借名人使用出名人的名义与第三人签订，出名人为名义上房屋所有权的登记人，但是借名人享有对房屋的实际占有、使用及收益的权利，并约定符合一定条件时，应当将房屋所有权转移登记于借名人名下的新型不动产交易类型。[②] 借名买房人在涉案房屋因出名人涉强制执行案件时，能否对抗出名人的债权人，现有法律并未明确规定，各地法院裁决结果不尽相同。借名人执行异议之诉，即借名人提起的请求不予执行标的物的诉讼，其在该执行标的物上享有的权利足以对抗强制执行。该诉讼程序的构造是两个诉的组合，即确定借名人是否享有法律规定的民事权益的“确认之诉”与判断其享有的权益是否足以排除现有执行程序的“形成之诉”的结合。所以，争议的解决就分两步走：(1) 判断借名人基于有效的借名买房合同取得的是什么样的民事权益；(2) 该民事权益是否足以对抗出名人的债权人，两者之间的利益如何平衡。第一个问题关涉事实物权与法律物权之区分问题，第二个问题关涉借名人与债权人的利益平衡问题。

（一）立法现状：借名买房协议阻却执行的规则缺失和冲突

借名买房合同在《民法典》中未予规定，而借名人能否阻却出名人

---

① 陈清秀：《法理学》，我国台湾地区元照出版公司 2018 年版，第 84 页。

② 张力、莫杨燊：《论借名买房者对强制执行的排除力》，载刘云生主编：《中国不动产法研究》（总第 22 辑），社会科学文献出版社 2021 年版，第 185~204 页。

的债权人的强制执行，现有的《最高人民法院关于人民法院办理执行异议和复议案件若干问题的规定》（以下简称《执行异议复议规定》）也尚未明确，各地法院主要依据地方性规定作出裁决。各地如北京市、广东省等关于这一问题的规定梳理如下（见表1）。

表1　涉及借名买房问题的地方性规定

文件名称	出台部门	条文内容	能否阻却执行
《北京市高级人民法院关于审理房屋买卖合同纠纷案件若干疑难问题的会议纪要》	北京市高级人民法院	十、借名买房的认定和处理 借名人……要求确认房屋归其所有的，法院应当向其释明，告知其可以提起合同之诉，要求出名人为其办理房屋过户登记手续。 ……借名人要求办理房屋过户登记手续，经审查借名购买的经济适用住房的原购房合同系2008年4月11日（含）之前签订的，可以参照前述指导意见①第6条第2款的规定处理。 房屋腾退纠纷中，被告方以双方之间存在借名买房关系作为抗辩的，法院应当释明其可以提出反诉要求办理房屋过户登记手续，当事人坚持不反诉的，应就其抗辩是否成立进行审理并作出判定。	未明确
《北京市高级人民法院民一庭关于妥善处理涉及住房限购政策的房屋买卖合同纠纷案件若干问题的会议纪要》	北京市高级人民法院	九、（规避住房限购政策的借名买房合同的处理原则） 因住房限购政策的限制，当事人约定一方以他人名义购买房屋，并将房屋登记在他人名下，借名人以其系实际买受人为由，要求确认房屋归其所有或办理房屋过户登记的，不予支持；借名人因自身条件变化或政策发生调整等原因符合住房限购政策的，可以判决登记人为其办理房屋过户登记手续。	未明确

① 《北京市高级人民法院关于审理房屋买卖合同纠纷案件适用法律若干问题的指导意见（试行）》。

（续表）

文件名称	出台部门	条文内容	能否阻却执行
《广东省高级人民法院关于审查处理执行裁决类纠纷案件若干重点问题的解答》	广东省高级人民法院	11. 案外人异议之诉中，案外人以借名买房为由，请求确认涉案房屋权属并排除执行，如何处理 意见：金钱债权执行中，人民法院针对登记在被执行人名下的房屋实施强制执行，案外人主张其与被执行人存在借名买房关系，且能够提供证据证明被执行人只是名义产权人、案外人才是实际产权人的，如无损害国家利益、社会公共利益的情形，可以排除执行。	可以排除执行
《海南省高级人民法院关于审理执行异议之诉纠纷案件的裁判指引（试行）及典型案例》	海南省高级人民法院	7. 针对案外人因借名买房提起的执行异议之诉，人民法院应当区分以下两种情况进行分别处理： （1）如果案外人基于限购、限贷、逃避债务、规避税收等违法原因借名买房的，对其提起的执行异议之诉应依法不予支持； （2）如果案外人借名买房的行为不存在损害国家利益和社会公共利益的情形，案外人能够举证证明其为真实权利人，被执行人只是名义产权人的，对其提起的执行异议之诉应依法予以支持。	分情况处理
《黑龙江省高级人民法院关于审理执行异议之诉案件若干问题的解答（修订版）》	黑龙江省高级人民法院	三十、借用他人名义购买房屋，后出借人成为被执行人，有关房产成为被执行标的物，由此产生的执行异议之诉应如何处理？ ……基于借名人与出借人之间的借名予以产权登记的协议，只在其内部产生债权债务关系，而不发生物权变动的效果，不能据此认定借名人为不动产物权的所有权人。并且，基于物权公示原则，设立或转让物权，必须采用法律规定的公示方式，才能取得对抗第三人的效果。借名登记合同是借名人与出借人之间的合意，借名人对房屋登记在他人名下本身具有过错，且借名协议通常是为了规避国家法律与政策，对由此产生的风险理应自行承担。因此，在借名买房的情况下，借名人与出借人之间的借名登记约定不能对抗申请执行人。	不能排除执行

(续表)

文件名称	出台部门	条文内容	能否阻却执行
《执行异议之诉案件审理指南》	江苏省高级人民法院	19.……人民法院针对登记在被执行人名下的房屋实施强制执行，案外人以其与被执行人存在借名登记关系，其系房屋实际所有权人为由，请求对该标的物停止执行并确认所有权的，原则上不予支持。但是案外人有充分证据证明被执行人只是名义产权人、案外人才是真正产权人，且不违反国家利益、社会公共利益的除外……	原则不排除，又规定了例外情况
《执行异议之诉案件审判观点综述》	山东省高级人民法院	13. 借名买房人提起执行异议之诉的处理 观点：金钱债权执行过程中，借名买房人以其系房产实际所有权人为由，提起执行异议之诉，请求排除执行的，原则上不予支持。	不能排除执行

从表中可以看出，相关省市主要围绕借名买房的认定进行规定。而关于协议能否阻却执行，分为四种观点：一是原则上不予支持，如山东高院；二是原则上不予支持，但又规定了例外情况，如江苏高院；三是支持借名人阻却执行，如广东高院；四是分情况处理，如海南高院。可见，由于《民法典》中欠缺关于借名买房合同的规定，异议之诉的解释也无统一规定，实务中各地法院观点不一。

（二）执行现状：借名买房协议阻却执行之实践梳理

因为法律及司法解释无统一规定，各地又出台了不同的裁决规定，各地法院在审理此类案件时往往裁判结果不一。

1. 认可借名人的实际物权的裁决

部分法院认为，借名买房人为房屋的实际权利人，其作为实际物权人足以阻却出名人的债权人之强制执行程序。例如，借名人可以适用《最高人民法院关于适用〈中华人民共和国物权法〉若干问题的解释（一）》（已失效）的规定，即使已办理权属登记的情况下，仍应根据真实的权利状态确认权利人，故借名买房行为并不导致实际买房人的物权丧失，出名人亦不获得真实物权。当事人支付房款价金、持有房屋权属证书、实际占有房屋的行为可认定其为真实物权人，排除出名人的债权人提出的强制执行。又如，当事人借名购买经适房，行为目的及方式均存在不正当性，但其行为并未损害公共利益，且买房及入住均发生在查封前，借名买房行为早已履行完毕，虽未过户，但不影响借名人为房屋实际权利人的事实。

2. 否定借名人的物权的裁决

部分法院认为，按照物权法基本原则，未经登记的不享有物权，借名人基于借名买房合同享有的是债权，即依合同内容要求出名人转移房屋占有并进行过户登记。关于该债权能否对抗执行，观点不一。一是否定说。借名协议仅具有内部效力，不发生物权变动效果，借名人自不是执行标的物所有权人，且借名买房协议通常是为规避国家法律与政策，对此产生的风险理应由借名人自行承担。二是肯定说。借名买房合同真实，发生在执行债权之前，借名人占有房屋并支付了房款，合同不存在法律规定的无效情节，而执行程序的债权人非物权公示利益的保护对象。三是类推适用“物权期待权”的规定。《执行异议复议规定》第 28 条规定的要件（合同签订于查封前、支付房屋对价、查封前占有房屋、对于未过户无过错）全部满足时可排除执行，其中“对于未过户无过错”为重点考察对象。

二、追本溯源：实务问题源于价值和认识的冲突

（一）实际物权与公示原则的冲突

《民法典》沿用物权公示原则规定，不动产物权的设立、变更、转让和消灭，应依法登记。不动产登记簿中登记的物权人一般为房屋的实际产权人，但因我国不动产登记制度改革或当事人自身原因，经常发生登记簿中的权利人与实际权利人相分离的情况，而在借名买房合同中，当

事人故意使得法律物权和事实物权[①]分属不同当事人。公平正义的观念是抽象的，并没有一种绝对的、具体的、明确的标准可以界定和衡量，从不同考量角度、实际立场、价值目标出发，对于公平正义的理解就不同，由此导致法官判断物权正确性的标准也不相同。各国在这一问题上主要有两种标准："事实标准"和"外观标准"。"事实标准"更倾向于保护真正的权利人，但是权利人需要对实际享有权利承担举证责任，证明其物权客观存在。"外观标准"简单易操作，其以法定的公示形式为判断依据，盖然性地推断物权之所属。[②]《民法典》和《执行异议复议规定》虽规定了对实际物权人的保护，但有的法官基于对公示原则的信奉，兼之外观标准的易操作性，且法律尚未明确，导致在执行异议之诉中，倾向直接基于公示原则作出裁决。

笔者认为，两种标准各有利弊，如何发挥各自优势，避免弊端，实现真正权利人与第三人利益的平衡才是关键。坚持物权公示原则符合物权法基本原理，有利于保护交易安全，可有效保护善意第三人，但固守公示原则不予变通，会僵化法律职能的发挥，不利于不动产的交易和流通，无法满足群众对于居住的多样性要求，最终将导致经济活力丧失，特别是在现有法律体系已有对公示原则例外规定的情况下，若在异议之诉中还直接以"物权之变动必须经过公示、登记"为由驳回借名人的诉求，显然难以实现逻辑自洽。

（二）政策调控与法律规制的协调

异议之诉裁决的前提是要判断借名买房协议本身是否有效，而在购买经适房等保障性住房，或为规避限购限贷政策而借名买房的情形下，法院认定借名人无法阻却执行的主要理由是借名买房合同违反相关购房政策，因其规避政策的行为应受到负面评价，其应承担不利后果。所以

---

① 法律物权，是指已经纳入登记的物权，以及由占有表示的物权，即由法定公示方式表征的物权；事实物权，是指真正权利人实际享有的物权。参见孙宪忠、常鹏翱：《论法律物权和事实物权的区分》，载《法学研究》2001 年第 5 期。

② 参见孙宪忠、常鹏翱：《论法律物权和事实物权的区分》，载《法学研究》2001 年第 5 期。

对于借名购买政策上有一定限制的房屋的合同是否有效，主要取决于如何看待政策与法律之间的关系。笔者认为，虽然党的政策制定及其作用方式的改革是中国法治持续发展的重要保证，两者作为规范的方向、精神和作用都一致，甚至在法律无法做到自给自足的情况下，法律中的政策性条款一定程度上弥补了法律系统的缺憾。[①] 但两者为社会学中完全不同的概念，在制定过程、运作模式和明确程度等多方面均存在不同，在认定合同效力时，不能用政策评价代替司法评价。理由如下：

一是“政策即集体力量的统一组织，把管理模式作为官方决策加以执行”[②]。政策的概念和特点决定，其重视结果而非过程，有选择地完成当务之急的目标，会积极主动回应形势而进行价值再分配，其更易变。二是社会主义法治理念的确立需要构建以政策为指引、法律为依据的科学分工模式，政策的宏观层面是一种价值分配，不适于在具体案件中决定当事人利益的具体分配。三是具体政策虽包含分配利益，即何人可以在满足何种标准时享有什么样的利益，但正当性依靠上位政策的实质正当性，由于位阶不断降低，其实质正当性也在不断递减，当其没有优势时，在形式正当性上更要受到法律的约束。[③] 具体到借名买房情形中，法院直接以违反所在地限购政策判定合同无效明显就是以低位阶的具体政策对抗合同法鼓励交易的原则，明显不合适。综上所述，笔者认为，若借名买房涉及政策保障性住房或虽为商品房但存在限购限贷政策时，应从该政策的制定机构、是否内化为强制性法律规定等方面综合考虑，并于裁决中充分论述，而不是简单地以“违反政策”为由一否了之。

（三）个人利益与公共利益的平衡

在判断借名买房合同效力时，有法院以合同目的是为规避限购政策，损害了社会公共利益，违反公序良俗为由，判定合同无效。笔者认为，

---

① 参见肖金明：《为全面法治重构政策与法律关系》，载《中国行政管理》2013年第5期。

② ［英］H.K. 科尔巴奇：《政策》，张毅、韩志朋译，吉林人民出版社2005年版，第169页。

③ 参见何啸：《改革进程：中国共产党政策与法律关系结构的历史转型》，中共中央党校2014年博士学位论文。

这种做法混淆了违反政策与损害公共利益。

第一，原《合同法》第 52 条将损害社会公共利益与违反法律、行政法规的强制性规定并列作为合同无效的理由，意味着两者是互相独立的，并非包含递进关系。如前所述，政策的效力依制定机构位阶的不同，其正当性效力也不同，政策若已内化为强制性规定，则可以直接援引判定合同无效，无须引用损害公共利益之条款来认定无效；倘若尚未内化，则并不能推出“违反政策”就等于“损害社会公共利益”。第二，公共利益构成对个人权利的限制，所以其适用时存在一个论证负担。[①] 即要以“质高量广”原则对不同群体的利益进行衡量，对比增加的公共利益与减少的私人利益，保证保留受益人更多、与基本生存相关的公共福祉。[②] 第三，《民法典》对合同效力规定作出改变，取消“损害社会公共利益”合同无效条款，其初衷即为鼓励交易，对合同效力不轻易作否定性评价。综上所述，经适房等保障房的初衷是保障低收入群体的居住权，转让该指标，让不符合条件的家庭购买低价房，让潜在的符合条件的家庭丧失机会，明显与公共利益相悖，[③] 应认定借名合同无效，但对于违反限购限贷政策的借名买房，如前所述，并不能推出其损害了公共利益。

（四）形式审查与实质审查的选择

审判程序优先追求司法公正，兼顾诉讼效率；执行程序强调效率优先，兼顾公平。为提高执行效率，执行通常采取略式程序，即所谓的书面形式审查或外在形式判断，不追究权利的实在状态。与之相对应，审判程序更注重实质审查。[④] 笔者认为，在借名人提起的执行异议之诉中，若法院以物权的公示效力的形式审查结果为由驳回其提起的异议之诉，

---

① 参见陈永强：《社会公共利益原则的合同法适用》，载《杭州师范大学学报（社会科学版）》2013 年第 3 期。

② 参见李亚梅：《社会公共利益的合同法适用问题探讨——以规范法官自由裁量权为视角》，江西财经大学 2016 年硕士学位论文。

③ 马一德：《借名买房之法律适用》，载《法学家》2014 年第 6 期。

④ 参见马登科：《案外人救济制度研究》，法律出版社 2016 年版，第 147 页。

存在如下问题。

一是审判机构仅仅进行形式审查违背了异议之诉的立法目的。异议之诉本意就是针对执行程序偏重形式审查进行的纠偏，在我国已将执行异议作为异议之诉的前置程序，执行机构已进行过形式审查的情况下，在异议之诉中又进行一次形式审查，将违背该制度的设立初衷。二是审判机构不能以对公示原则的固守代替其对异议之诉实际诉讼标的的审查。异议之诉的诉讼标的为案外人享有的程序法上规定的异议权，在借名人提起的异议之诉中，法院判断的是借名人基于合同项下享有的民事权益能否阻却执行。不动产公示公信原则以保护交易活动的安全为旨趣，并以此实现交易便捷。受该原则保护的善意第三人为与不动产权利人交易的善意受让人，且需已经基于法律善意取得权利，[①] 而出名人的债权人并非此处所说的善意第三人。法院岂能以公示效力为由直接驳回借名人请求法庭就其借名买房合同项下的民事权利足以阻却执行的主张？综上所述，执行程序的形式审查符合其程序初衷和程序正义，但作为纠错程序的异议之诉，应进行实质审查，对合同的效力、合同项下的权利能否阻却执行进行全面审查，以保证实体公正的实现。

三、出路探索：动态系统论的引入和多种因素的选取

基于对问题成因的上述分析，实务出路应当满足下列要求：一是能够保护债权人的合法利益，防止债务人通过借名买房协议规避执行；二是不能执行至上，抹杀借名人的出资贡献；三是多种利益兼顾，实现多重效果统一。综上所述，在现行法律框架下，可在明晰借名人权利为债权请求权的前提下，因其债权具有物权化趋势，通过引入动态系统论，对其债权请求权阻却执行的条件进行明确。

① 梁慧星、陈华彬：《物权法》，法律出版社2016年版，第88页。

（一）澄清正名：借名人享有的是债权请求权

1.“物权说”的扬弃

上文中，认定借名人享有的是物权的依据是“事实物权理论”。该理论认为，法律物权是指权利正确性通过法定公示方法予以推定的物权，而事实物权是与法律物权相分离的，在不存在交易第三人的情况下能够对抗法律物权的物权。该理论由孙宪忠先生首先提出，民法理论界已奉为通说，并在实务中予以运用。其认为应区分是否涉及第三人来对两种物权进行区别保护，在涉及第三人的情况下，应维护交易安全，保护第三人的信赖利益，侧重优先保护法律物权；而在不涉及第三人的情况下，应优先保障实际物权人对物的支配占有，使法律物权根据事实回归至与事实物权统一的状态。笔者认为，该理论虽有其历史意义，但不适合借名买房的语境。第一，我国从计划经济进入市场经济，不动产登记制度从建立至完善，中间阶段既要推行登记制度又要防止未登记民事主体的权益受到损害，该理论有其适用空间。而《物权法》（现已废止）出台后，上述不动产的物权权属判断就不应再适用，因其与《物权法》中规定的物权公示原则相背离，且在借名买房情形下，当事人双方是共同故意将产权予以错误登记。第二，该理论自身缺陷导致适用受限。事实物权不能体现完全支配性，在将房产变更登记到借名人名下使其成为完全法律物权人之前，其处分权受到严格限制，也未被赋予完整的排他性效力，并不能产生对抗第三人之效力。效力上的种种缺陷使其无法融入形式主义的法律框架内，且暗含了物上权利未经公示不足以对抗第三人的不完全物权的内涵，所以不宜利用该理论作为借名人享有实际物权的理论证成。

2.“物权期待权”的否定

期待权理论源于德国，现已成为德国理论界和实务界通说。我国实体法中并未明确规定物权期待权，在部分司法解释中，为对某些类型的权利予以特殊保护而采纳这一理论。如《执行异议复议规定》中即规定给予无过错的不动产买受人一定条件下的特殊保护。这也被认为是我国关于“物权期待权”的法律规定。如前所述，有的案件援引该规定作为借名人享有期待权的依据，并依其规定的要件来判断借名人的权利是否足以排除执行。但笔者认为，借名人提起的异议之诉中，该条的适用仍存疑。首先，我国是否存在真正的不动产物权期待权尚且存疑。德国通说认为，期待权成立的条件为受让人法律地位稳定，该法律地位独立且能被处分，不受第三人随意破坏。我国并无德国规定之物权期待权，一方面，受让人因三种情况导致取得物权受阻，法律地位不稳：一是出让人抗辩；二是其可随时撤回登记申请；三是我国没有《德国不动产登记簿程序法》第17条规定的导致第三人可优先完成转移登记手续的相关规定。另一方面，因不动产受让人的法律地位不具有可处分性、可执行性、完备的支配性和对抗性，导致不动产受让人的法律地位在规范层面上缺乏权利尤其是物权特征。[①] 所以，我国所谓的“物权期待权”不过是起草者为该规定寻找的理论“马甲”，有名无实。其次，从对房屋所有权利益的期待角度看，借名人与不动产受让人具有一些相似性，但存在本质区别。普通不动产买受人是积极地履行买卖合同并积极追求登记以完成所有权的实际转移，所有权未能转移一般非基于本人过错，而借名买房中，房屋登记在出名人名下是借名人与出名人合意的结果，是借名人主动所为，其仅在条件成就时才由出名人依约协助办理过户登记，所以为借名人提供与不动产买受人一样的保护，并不合理。

3. 债权形式主义之下借名人享有民事权益性质

债权形式主义之下，有物权变动的原因行为、出卖人有处分权、满足公示要件，方可导致物权变动。借名买房中，无论是出名人直接购买还是借名人以出名人名义购房，房屋买卖合同的主体均为出卖人与出名人。双方买卖合同生效，出卖人将房屋转移登记至出名人名下，出卖人具有房屋处分权，物权变动三要素齐备情况下，出名人获得房屋所有权。

---

① 参见庄诗岳：《中国式不动产物权期待权的批判与反思》，载《河北法学》2021年第11期。

借名买房合同关于房屋权属的约定，仅在出名人与借名人之间产生拘束力，在未齐备物权变动要素的情况下，借名人不能取得房屋所有权，仅可以依合同约定要求出名人配合进行房屋产权变更登记。有观点认为，借名事实经举证证明可推翻登记簿的权利推定，借名人可被认定为真实物权人。但这明显与债权形式主义下物权变动的要求相左。借名人要否定不动产登记簿的登记效力，需要证明其已通过合法渠道取得并保有物权，而登记却与实际情况不符。根据《民法典》的规定，其仅限于第 229~231 条中所规定的非基于法律行为所产生的物权变动；或者因自身原因或登记机关的错误导致登记错误。借名人明显不具有上述情节，故不能推翻登记簿的登记。

综上所述，借名人享有的是要求出名人转移房屋所有权的债权请求权。基于债权平等性，该债权请求权相比于债权人的普通债权，本无优势。但基于借名买房的特殊情形，该债权存在物权化趋势，故其具有优先于普通债权的性质。

（二）动态系统论引入之证成

奥地利学者 Walter Wilburg 率先提出动态系统论，日本学者山本敬三等介绍并传播进入我国，其主要有两个论断：一是法律体系的内在价值和目标是多样的，不能仅从单一的原理理解和实施法律，而影响法律实施的基本价值可被称为要素或力；二是不同要素之间有位阶或顺序，不同层次的要素之间互相作用决定法律效果。法律结论的妥当性需要通过要素在冲突或协作中达成妥协。[①] 我国《民法典》人格权编中关于侵害精神性人格责任的规定即体现了动态系统论。[②] 其更关注多要素之间的一种互动和补强，而“要件—效果”模式则秉承“全有或全无”的思维方式，存在以机械技术割裂多元社会事实的僵化性。若完全以“要件—效

① 王磊：《动态体系论：迈向规范形态的“中间道路”》，载《法制与社会发展》2021 年第 4 期。

② 王利明：《〈民法典〉人格权编的立法亮点、特色与适用》，载《法律适用》2020 年第 17 期。

果”的思维模式构筑法律体系，势必导致规范体系与现实社会的脱节。在《民法典》未对借名买房予以规定的情况下，若以僵硬的“要件—效果”模式来判断，极有可能导致当事人利益失衡。笔者认为，鉴于动态系统论相较于传统要件论的优势，可尝试推广至债权法领域，即在衡量借名人与出名人的债权人哪个可以优先保护时，适时引入“动态系统论”，以期更加公正合理地进行利益位阶的评判。

（三）动态系统评价要素之选定

1. 合同的效力

（1）应坚持鼓励交易原则。“鼓励交易原则”虽未明文规定在法律中，但其与合同自由、法律地位平等原则一样，为合同法重要原则。“在商业时代里，财富多半是由许诺组成的。”[①] 社会财富因合同关系的普遍、市场经济的活跃而增多，合同法之重要初衷即为鼓励交易。如前所述我国《民法典》对《合同法》的诸多改变体现了鼓励交易的目的。笔者认为，在判定借名买房合同时，要遵循不轻易认定合同无效的原则，分情况对合同效力进行探讨。在未违反国家强制性规定，也未损害公共利益的情况下，应认定合同有效。

（2）规避政策类借名买房合同效力分析。对规避政策借名买房合同效力的判定，本质上是公法规范是否以及如何延伸至私法关系的问题。如前所述，政策的正当性越强、效力层级越高，其对私法关系的影响也越强。但不能像适用法律一样直接以违反政策为由就认定合同无效，而应充分衡量政策目的、当事人合同利益，结合比例原则来分析政策对合同的影响。[②]

一是借名购买经适房。经适房是为保障低收入群体的住房利益，在出名人不符合规定或者出售房屋的情况下，国家倾向于进行回购并重新

① ［英］P·S·阿蒂亚：《合同法概论》，程正康等译，法律出版社1982年版，第3页。转引自王利明：《合同法的目标与鼓励交易》，载《法学研究》1996年第3期。

② 参见王艺璇：《论为规避住房政策而借名买房的私法效果》，载梁慧星主编：《民商法论丛》（总第70卷），社会科学文献出版社2020年版，第268~289页。

分配。借名人本不具有购买经适房的资格，利用出名人的资格购入经适房，房屋的占有、使用权能均归借名人所有，可见出名人的居住需求并不迫切，其本质上并不符合购买经适房的资格。且借名合同占用了潜在符合条件第三人的名额，实质上构成对不特定第三人利益的侵害，损害了国家保障低收入群体住房利益的秩序，符合损害《民法典》中规定的“公序良俗”的“公序”，所以原则上合同无效。

二是借名购买限购房屋。判断此类合同效力的关键，是探求政策的真正目的，是否要为了实现政策目的，而牺牲合同的有效性，也需要经过比例性原则的检验。首先，政策目的是从需求侧入手，抑制不合理住房需求，抵制投资性购房，防止房价上涨过快。在政策解除前或购房人取得购房资格前，房屋还是登记在出名人名下，其资格仍被占用，从需求侧看，并未导致购房数量激增，限购目的并未落空，所以认定合同有效并未背离政策目的。其次，限购政策一般规定个人或家庭购买房屋的数量，是按政府设想的理想状态对购房数量进行的一种完全不作区别的分配，事实上每个人或家庭对房屋的需求量不同，该分配名额作为一种政府给予的资格，完全可由民事主体自由处分，借名合同并未损害第三人利益，无须过多干涉，所以借名购买限购房屋原则上应认定有效。对于当事人规避政策之初衷，只需通过限制借名合同中部分义务的履行时间即可实现政策目的，即只有限购政策解除或借名人具有购房资格时方可过户，而无否定合同效力的必要。

三是规避限贷政策的借名买房。限贷政策通过对贷款首付比例和贷款利率依所购房屋套数作出差别规定来达到限制房屋购买目的，同是为抑制不合理购房需求，但相比限购政策，限贷政策手段较为缓和，对于此类合同，一般应认定有效。首先，在分析该类合同时，主要考虑的是当事人是否恶意串通损害银行利益。若认定合同无效，恢复到初始状态，房屋仍登记在出名人名下，银行的损失并未得到弥补，所以不应通过此种途径来达到政策目的。其次，如同购房资格一样，出名人首套房屋首付低和利息低的福利一旦享受，之后再无法享受，其将该利益让与借名人，完全属于对自身权益的处分，法律无须过多干涉并予以负面评价。综上所述，没必要为了政策的最终目的超越政策的限制本身来认定合同无效。

合同效力分为无效、部分有效和全部有效，如前所述，若借用他人名义购买政策性住房，因损害公共利益而无效；若购买限购房屋，未损害不特定第三人的利益，合同若无其他违反强制性规定的条款，则合同全部有效。借名买房合同的效力越是完整，合同的效力要件越是没有瑕疵，其对房屋的法律上的支配越强，债权物权化的程度越强，其就越能对抗执行。

2. 实际占有涉案房屋

不动产的交付占有是实现生存居住权的基础，不动产的公示方式以登记为准，物权的公示公信原则是立法者为了使物权法律关系更加明晰，保证法律交易的安全而确立的一项物权法基本原则。[①] 其目的是保护不动产交易相对人的信赖利益。而在出名人被执行案件中，债权人一般是以出名人的全部责任财产作为债务的担保范围，其对不动产登记簿的信赖并非上述公示效力的保护辐射范围。占有通常可推定本权具有存在的高度盖然性，产生公示的效力。其本权的推定依所行使者而定，如以所有人之意思占有某物，推定存在所有权。[②] 不动产占有公示效力的功能在于将不动产占有人的债权向世人宣示，使其债权具有对抗在后发生的债权乃至恶意后买入所有权的效力。[③] 在不动产登记制度不完善的情况下，占有的权利推定效能起到弥补作用，理论及实务界均认可。综上所述，借名人是否实际占有涉案房屋以及占有的期限、状态等都直接影响其债权的物权化程度。由于不动产占有的公示效力主要源于占有外观的权利推定效力，所以占有的公开性、明确度、排他性越强，持续的时间越长，借名人的债权物权化程度越高。在进行权利效力评判时，就越应对其予

① 程啸：《不动产登记法研究》（第2版），法律出版社2018年版，第7页。

② 参见王泽鉴：《民法物权》（第2册），中国政法大学出版社2001年版，第233页。

③ 马新彦、邓冰宁：《论不动产占有的公示效力》，载《山东社会科学》2014年第3期。

以更多保护。

3. 房款的支付

借名买房中，法律物权与实际权利发生分离最主要的原因是房屋的购房款是由借名人负担，而房屋在未过户就被出卖的情况下，法院即使认定合同无效，也仍基于借名人承担了购房的所有费用属于贡献大的一方，判定由其享有房屋出卖之后的利益①。所以，双方权利义务的稳固主要取决于合同签订之后双方对合同的实际履行，在全款买房情况下，借名人是否支付了全部价款；在按揭买房情况下，借名人是否支付了首付款，并按照贷款合同要求，定期支付贷款，决定了合同的履行程度。实际承受了买房合同权利义务的借名人，其按合同约定支付的首付款和贷款数额越多，合同的履行程度就越高，其因违约导致合同被解除的可能性就越低，借名人权利地位就越稳固，债权物权化的程度就越高，在异议之诉中，受到保护的可能性也就越大。实践中，要综合考量双方的资金往来，来判断借名人价款支付的实际情况。

4. 借名人的可归责性程度

在借名买房合同中，借名人一般按照合同约定实际占有房屋，并支付部分或全部房款，完全不考虑其作为实际出资人获得的利益有违情理，群众从朴素的价值观上也无法接受。借名人与出名人合谋，使得法律物权与实际物权发生分离，挑战物权公示原则，影响了交易的秩序，具有法律上的可责性。在借名购买保障性住房的情况下，因损害了不特定第三人的利益，明显构成对公共利益的侵害，可责性较强；利用违法所得或者灰色收入购买房屋登记在他人名下，行为本身有可能违法或构成犯罪，可责性强烈；对于为规避限购政策购买普通商品房的，因政策本身不属于法律法规，其内容亦不属于效力具有强制性的规定，所以借名人的可责性较弱；基于享受贷款优惠或因年老等原因无法贷款而借名买房的，若损害到银行利益，可通过补缴贷款利息差额弥补，法律对其评价

---

① 参见北京市大兴区人民法院（2020）京 0115 民初 21754 号民事判决书。

应更趋于中性，借名人的可责性就更低；对于出于不愿露富等原因使用合法收入借名买房的，其可归责性几乎可忽略不计。所以，在判断借名人的可归责性程度时，应根据借名的实际动机进行判断，可归责性程度越低，债权越应当受到法律保护。

5. 生存利益优先

根据海克利益法学理论，利益冲突是法律产生的通常基础，法律规范界定相互冲突的利益。衡量相互对立的利益是以决定性利益、较深层存在的共同体利益为基础的。[①] 房屋作为商品的特殊性决定其关涉老百姓切身利益，我国住房政策是为了保障百姓有所居，防止房价居高不下从而诱发民生问题和经济泡沫。所谓生存利益，是指关于自然人存活于世的基本需求，居住权正是其一。异议之诉旨在解决民事权益冲突，需要借助位阶排序，法的价值位阶争议颇多，但生存利益高于商业利益为学界共识。[②] 我国多部司法解释均有所规定，通过赋予债权对抗效力的方式对生存利益予以保障。司法实践中也对“生存利益优先于商业利益”的规则予以明确认可。[③] 具体到借名买房语境中，借名人购买房产可能为居住，也可能为投资，房屋状况也不同，不同情形下，借名人是否存在生存利益的保障需求及需要保障的生存利益的具体程度均不同。个案中需全面考量借名购买房屋的实际用途、面积、位置等情况，借名人与其同住家属拥有的住房情况如另购房的可能性，及借名人承担的赡养、抚养义务的情况等因素，来判断借名人生存利益存在与否及相对于普通债权的受保护的迫切性，并将其作为借名人债权物权化程度高低的判断依据之一，与上述其他因素放在评价系统内作动态的衡量判定。

---

① 参见邓衍森、陈清秀、张嘉尹、李春福主编：《法理学》，我国台湾地区元照出版有限公司2020年版，第305~306页。

② 参见王利明：《民法上的利益位阶及其考量》，载《法学家》2014年第1期。

③ 参见山西省阳泉市中级人民法院（2018）晋03民终967号民事判决书。

四、规则构建：借名买房协议阻却执行的程序问题明晰

（一）程序问题

1. 程序启动

（1）适格主体。正当当事人，是指当事人就特定的诉讼，有资格以自己的名义成为原告或被告，因而受本案判决拘束的当事人。而确定正当当事人资格的标准，以诉的利益作为实施诉讼权基础之学说是通说。①借名人以其为房屋实际物权人为由提起异议之诉，意图阻却执行程序，自然可成为本诉的适格原告。借名人提起异议之诉意在排除对涉案房屋的执行，阻却债权人就出名人的房屋拍卖款进行受偿，因此债权人或其权利继受人作为该诉的被告资格毫无异议。关于出名人的诉讼地位，通说认为当出名人对案外人主张的权利持反对态度时，应列为共同被告。需要说明的是，一是出名人对案外人主张不持明确反对态度；二是出名人下落不明，其态度无从查知的状态。笔者认为，在借名买房中，借名人与出名人作为合同双方，无论出名人是否认可合同，其与借名人就涉案房屋上的权利都属对立双方，应将其直接列为被告；而在被执行人下落不明无法发表意见时，可借鉴部分高院的指导意见，将其列为共同被告。

（2）时间要件。时间要件意在解决第三人于何时提起异议之诉的问题。因借名人是要以其享有的权利阻却对涉案房屋的执行，故应在针对该涉案房屋的执行程序终结之前，而非指整个执行程序终结之前提起。即在房屋的拍卖价款已经做完案款分配并全部交付给债权人之前，借名人均可提出异议之诉。

2. 管辖问题

第三人异议之诉由执行法院管辖系各国通例。借名人对涉案房屋享

---

① 参见江伟主编：《民事诉讼法专论》，中国人民大学出版社 2005 年版，第 184~195 页。

有可排除执行的民事权益是其提起本诉的前提。借名人是否享有基础权利的确权问题，《民事诉讼法》并未明确禁止其另案提起确权诉讼，但有观点认为，应禁止案外人另案提起确权之诉。

该观点有待商榷。一是该观点混淆了两诉之目的和性质。确认之诉解决财产权利归属问题，异议之诉解决案外人享有的民事权益是否足以排除执行问题。作为异议基础的实体权利，仅为法院作出异议之诉判决的原因事实，对执行标的享有民事权益并不等于可排除执行。二是构成对当事人诉权的不当干预与限制。《最高人民法院关于适用〈中华人民共和国民事诉讼法〉的解释》明确，提起执行异议之诉同时提出确权的，可一并裁决。但该规定是指可以一并解决，并不能反推出必须一并解决。三是借名买房的特殊情况也排除上述规则。借名买房情境下，更多是关于合同效力及物权归属的纠纷，而借名人作为案外人提起执行异议之诉的案件则较少。强制合并管辖将会导致同是确权纠纷，一部分案件适用不动产管辖原则，另一部分适用执行案件管辖，无法实现法律体系的逻辑自洽。综上所述，应允许案外人另案确权。

（二）实体裁决问题

1. 证明责任

证明责任可被概括为，当某个事实存在与否不明确时，某一方当事人将承担以该事实为要件的、于己有利之法律效果不获认可的危险或不利益，[①] 包括两个方面（见图1）。

此处讨论的是客观举证责任，目前大陆法系国家关于责任分派的通行理论为德国法学家罗森贝克提出的“法律要件分类说”，我国也参考上述学说确立了举证责任分配的基本原则。根据该说，借名人主张存在借名事实，应对借名的基本事实承担举证责任，要求排除强制执行的，也应对排除之理由承担举证责任。此处涉及一个重要问题，即出名人自认

① ［日］新堂幸司：《新民事诉讼法》，林剑峰译，法律出版社2008年版，第392页。

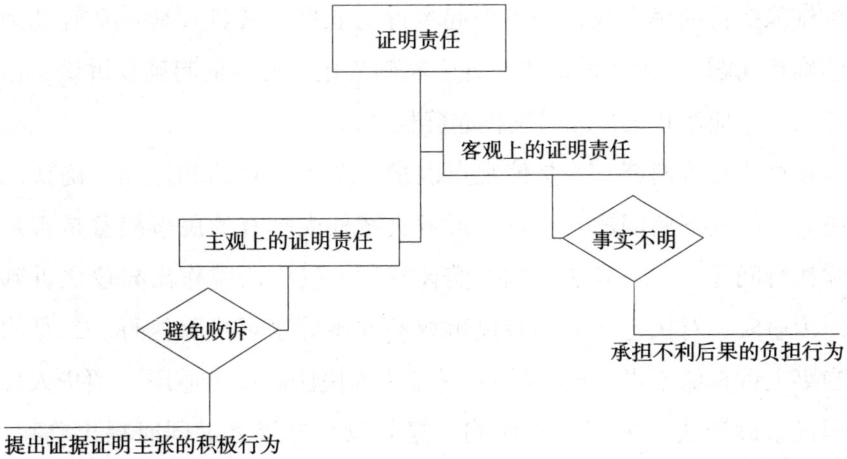

图 1 证明责任之分类

借名事实，借名人是否免除举证责任？笔者认为，基于该程序的目的考量，出名人对借名事实的自认并不能免除借名人的证明责任。借名买房行为一般发生在亲友间，且双方一般是为规避政策合意借名买房的，这将导致双方极可能合谋损害债权人利益。借名人的债权想优于普通债权受保护，需适用更严格的条件和证明责任。

2. 判决主文

该程序的判决主文就是法院对借名人是否享有民事权益以及该权益能否产生排除强制执行的效果进行终局判断。当事人提出的诉求不同，判决主文也不同。

（1）当事人仅提起对抗执行的问题。借名人若以其为房屋的实际权利人为由，提出排除执行，但并未请求确权，按照“不诉不理”原则，法院不应确权，仅需依动态评价系统评判其享有的权利是否能排除执行即可。若无法证明，则驳回全部诉讼请求即可。

（2）当事人请求确权并提起对抗执行的问题。当事人提出异议之诉时，若请求确权，可合并审理。此种情况下，执行法院先就借名人的确权诉求进行审查，若其实体权利得到法院支持，即借名合同成立，但不足以产生排除执行效力的，法院可判定确权，但应驳回停止执行的诉求；

若合同成立，其权利也足以产生排除执行效力，则法院应支持其全部诉求。

(3) 当事人另案确权，再来申请对抗执行怎么办？一种情况是确权判决的获得在涉案房屋被查封后。根据《执行异议复议规定》第26条的规定，此种情况，法院一般不支持获得确权的当事人。笔者认为，还应判断其享有的民事权益是否足以排除执行。另一种情况是确权诉讼发生在涉案房屋被查封之前。若是在金钱债权执行中，不论确权诉讼是否审理完毕，都应由原法院继续审理该确权之诉，异议之诉因符合中止条件先中止，待原审法院作出裁决后，再继续审理。若在非金钱债权执行中，执行标的为交付该房屋，则说明交付房屋的执行依据对房屋权属认定有误，应再审或由借名人提起第三人撤销之诉。

五、结语

在处理借名买房情况下，借名人能否对抗出名人的债权人的执行案件时，“全有或全无”的方式极易造成利益失衡，通过引入动态系统论，多重因素互相联动地衡量才更能实现利益取舍之公正。本文在厘清政策与法律关系的基础上，分析了借名买房相关案件处理时易产生的误区，以期为处理其他新型案件提供参考和借鉴。

以房抵债债权与优先受偿权竞合的执行路径

陈徐安黎*

摘要： 以房抵债将原法律关系中的金钱债权转化为请求变更房屋所有权的债权。转化后的债权表面上具有非金钱债权性质，若得到法院生效裁判文书的确认，债权人可以此为执行名义，要求将案涉不动产变更过户登记至己方名下，可能与其他债权人的金钱债权产生执行竞合。民事程序法应与实体法保持一致，明确以房抵债协议不变动债权人的原有受偿顺序，并通过执行分配程序按照原有受偿顺位实现债权。同时，债权人基于以房抵债协议提起的诉讼应被视为给付之诉，法院不得出具确认判决或形成判决，且需在判决中查明基础法律关系，以减少后续执行障碍。

在当前房地产市场较为低迷的经济背景下，房地产企业资金流较为紧张，极有可能出现自有现金无法偿付债务的情形，违约风险增加。而通常情况下，房地产企业往往同时存在着商品房消费者、建设工程价款优先受偿权人、抵押权人以及其他普通债权人等多类型债权人，且上述权利往往最终共同指向同一不动产的全部或部分，其中部分体现为交付标的物的所有权的请求权，或拍卖、变卖标的物以优先受偿的优先受偿权。在多个债权人同时要求执行同一不动产时，如何划定其债权实现的

* 上海交通大学凯原法学院欧盟法研究中心研究助理。

先后顺位至关重要。债权人通过以房抵债协议可以在当事人双方之间将原有的金钱债权向非金钱债权转化，但如何处理其与其他金钱债权之间的权利竞合问题却因缺乏相应规范而存在着适用难题。本文拟在厘清以房抵债债权和优先受偿权的先后受偿顺序的基础上，从程序角度探求如何有效解决实务中以房抵债的债权与优先受偿权的权利竞合和执行竞合问题，并对《民事诉讼法》中相关规则的完善提出相应建议。

一、从权利竞合到执行竞合：以房抵债与优先受偿的实质冲突场域

（一）不动产上债权的通常受偿顺位与以房抵债债权的特殊性

在通常情况下，上述债权人之间的权利存在法定的实现顺位，争议相对较小。以居住为目的购买房屋且支付全部价款的商品房消费者的债权通常优先于建设工程价款优先受偿权、抵押权及其他债权，[①] 具有最为优先的受偿顺位。这一债权既包括房屋交付请求权，也包括房屋不能交付情况下的价款返还请求权。而不符合上述条件的商品房买受人则属于普通债权人，劣后于抵押权与建设工程价款优先受偿权受偿。《最高人民法院关于审理建设工程施工合同纠纷案件适用法律问题的解释（一）》第36条也明确规定了建设工程价款优先受偿权优于抵押权和其他债权。因此，一般债权的受偿顺序为，商品房消费者的房屋交付请求权或价款返还请求权最为优先，其次是承包人的建设工程价款优先受偿权，再次是抵押权人的抵押权，最后是普通债权，在执行程序中亦应照此顺序清偿。

但在特殊情况下，若部分债权人与债务人达成以房抵债合同，原金钱债权将转化为请求变更房屋所有权的债权，尤其是该债权得到法院生效裁判文书的确认（以下简称以房抵债判决）时，债权人可以此为执行

① 参见《最高人民法院关于商品房消费者权利保护问题的批复》（法释〔2023〕1号）第2条。

名义，要求将案涉不动产变更过户登记至己方名下，从而可能与其他债权人的金钱债权发生权利竞合。比如，在“中山市荣某置业有限公司合同纠纷案”中，原告与被告之间签订了以房抵债合同，抵偿二者之间的金钱债权，同时，第三人以其享有建设工程价款优先受偿权为由主张否定合同效力，最终法院以第三人不具有独立的请求权为由，未对其主张进行处理，并判决被告应为原告办理案涉房屋的过户登记。尽管该案从程序角度出发，未对第三人的建设工程价款优先受偿权进行实质性处理，但实质上将权利顺位的潜在冲突转移到执行阶段处理，二者间的竞合问题尚未得以妥善解决。

（二）权利竞合时以房抵债判决的履行方式：限于执行程序

在房地产企业涉诉且出现权利竞合时，案涉房屋往往已被采取相应保全措施，此时当事人难以通过自愿履行以房抵债判决的形式完成房屋所有权的转移。原《房屋登记办法》（2019 年废止）第 22 条明确禁止已查封房屋的变更登记，《城市房地产管理法》第 38 条虽然采用的是“不得转让”的表述，但本质上仍然禁止已查封房屋的所有权转移。因此，在案涉房屋可能被查封的情况下，通过自愿履行的方式实现所有权变更基本上很难实现，在此不予探讨。重点在于法院执行程序中如何解决以房抵债判决和其他债权执行之间的竞合关系。尽管执行法院同样会面临针对已被查封的不动产能否执行过户登记的问题，但暂无明确的规定禁止法院对已查封的房屋强制执行变更登记。

从现有的规则来看，《最高人民法院关于人民法院民事执行中查封、扣押、冻结财产的规定》第 23 条第 2 款中明确了若过户登记协助执行通知书早于查封协助执行通知书送达的，应当优先办理过户登记，但未明确在过户登记协助执行通知书晚于查封协助执行通知书送达的情况下应当如何处理。对此存在两种理解：一是此时不得过户登记；二是房屋登记机构可以在先行查封登记的情况下再协助人民法院办理过户登记。而根据《不动产登记暂行条例实施细则》第 19 条第 2 款的规定，人民法院持生效法律文书和协助执行通知书要求不动产登记机构办理登记的，登记机构应当直接办理。因此，不能排除在案涉房屋已被查封的情况下，法院仍可强制执行过户登记，从而完成所有权移转的公示，此时其他债权人的利益可能受到严重威胁。因此，从直观上看，债权人通过执行异议或执行异议之诉的方式阻止以房抵债判决的执行成为一种可能的路径。

二、执行异议与执行异议之诉的可适用性

（一）执行行为异议的可适用性：兜底手段

对于执行程序中的执行异议，具体可分为执行行为异议和排除执行异议，二者适用范围存在明显差异。如果单纯检视执行行为异议的适用条件，被执行人的其他债权人可作为利害关系人提出执行行为异议，尝试纠正法院强制执行变更登记的执行行为。例如，根据《最高人民法院关于人民法院办理执行异议和复议案件若干问题的规定》（以下简称《执行异议和复议规定》）第5条的规定[①]，已对案涉房屋实施查封的债权人可以主张第2项成立，尚未实施查封但存在其他优先受偿权的债权人可以主张第5项成立，请求法院撤销相应执行行为。

不过从效果上看，执行行为异议是一种事后的救济，即其他债权人只有在法院已经实施了违法执行行为且已经造成其权益损害的情况下才能提出，而在权利受损前只能被动等待，显然不利于其权利救济。同时，根据《执行异议和复议规定》第8条第1款的规定，在债权人依据其优先受偿权同时提出执行行为异议和排除执行异议时，排除执行异议具有优先的审查顺位，执行行为异议更宜作为兜底性的事后救济手段。

---

① 《执行异议和复议规定》第5条规定："有下列情形之一的，当事人以外的自然人、法人和非法人组织，可以作为利害关系人提出执行行为异议：（一）认为人民法院的执行行为违法，妨碍其轮候查封、扣押、冻结的债权受偿的；（二）认为人民法院的拍卖措施违法，妨碍其参与公平竞价的；（三）认为人民法院的拍卖、变卖或者以物抵债措施违法，侵害其对执行标的的优先购买权的；（四）认为人民法院要求协助执行的事项超出其协助范围或者违反法律规定的；（五）认为其他合法权益受到人民法院违法执行行为侵害的。"

（二）排除执行异议和案外人执行异议之诉的联系与区别

排除执行异议是执行异议之诉的前置程序，二者均属于对执行中实体瑕疵的救济方式，但二者所处的阶段不同。排除执行异议处于执行程序中，执行异议之诉的本质是一种诉讼程序，执行异议之诉以法院对排除执行异议的审查裁定作出为前提，这也导致二者的审查标准和适用的规则体系既有类似性，又有差异性。

执行程序中法院一般只进行形式审查，而不解决实体争议，而在诉讼程序中则会对当事人双方的实体法律关系进行实质审查。从《执行异议和复议规定》中可以看出，最高人民法院确立了“以形式审查为原则，实质审查为例外”的案外人异议审查规则，即一般根据登记、占有等权利表征来判断权属，例外情况下对相关证据进行实质审查。案外人异议审查的主要目的在于迅速对案外人异议成立与否进行判断，过滤掉一部分明显成立或者不成立的案外人异议，由于这一阶段不进行实体辩论，其审查期限也只有 15 天，无法承担实质审查的任务。执行异议之诉则不同。根据《最高人民法院关于适用〈中华人民共和国民事诉讼法〉的解释》（以下简称《民诉解释》）第 309 条和《全国法院民商事审判工作会议纪要》第 119 条的规定，执行异议之诉应由法院通过普通程序加以审理，并经过双方的举证、质证和辩论，最终对案外人是否对执行标的物享有权利、享有什么样的权利、权利是否足以排除强制执行进行实质判断。

不过，尽管在制度定位上存在着差异，但由于二者均是以判断案外人的实体权利能否排除强制执行为核心，执行异议之诉在缺乏有效的司法解释的情况下，可以有条件地参照《执行异议和复议规定》。① 同时，根据《最高人民法院公报》案例的观点，执行异议之诉在参照适用《执行异议和复议规定》时，应当关注到由于执行异议审查程序贯彻的是外

---

① 参见最高人民法院（2020）最高法民申 1717 号民事裁定书。

观化的标准，相较于执行异议之诉的实质审查更为严格。[①] 可以认为，符合《执行异议和复议规定》第 25 条至第 28 条所列条件的，执行异议均能成立；但不满足上述条件的，异议人在执行异议之诉中的请求经实质审查可以成立的，法院同样应当支持。[②] 而从法律效果上看，排除执行异议仅是执行异议之诉的前置程序，权利人能否最终排除强制执行依赖于执行异议之诉的裁判结果，排除执行异议仅是前置性的审查程序，在此不予过多讨论。

（三）案外人执行异议之诉的路径可行性分析

1. 符合案外人执行异议之诉的起诉条件

从法律规定上看，《民诉解释》第 303 条明确规定了三项案外人执行异议之诉的提起条件，其中第 1 款第 1 项和第 3 项都是对程序衔接的要求，不具有实质性的筛选意义，实质性的条件仅有第 2 项，而其中最为核心的即为“诉讼请求与原判决、裁定无关”。

对于如何理解“与原判决、裁定无关”，最高人民法院第 154 号和第 155 号指导案例进行了明确说明。在第 154 号指导案例中，最高人民法院明确指出“与原判决、裁定无关”是指案外人提出的执行异议不含有其认为原判决、裁定错误的主张，并区分了基于权利顺位主张排除执行与否定申请执行人的权利属于两种不同的情形。[③] 而在第 155 号指导案例中，也明确了对权利实现的优先顺位存在争议属于与原判决、裁定无关的情况。[④] 基于此，在案外人不否定申请执行人基于原裁判享有的权利，而仅仅基于优先权利顺位提出排除强制执行的诉讼请求时，属于与原判

① 参见“钟某玉与王某、林某达案外人执行异议纠纷案”，载《中华人民共和国最高人民法院公报》2016 年第 6 期。

② 参见最高人民法院（2015）民一终字第 150 号民事判决书。

③ 参见最高人民法院指导案例 154 号“王某光诉中某建设集团有限公司、白山和某置业有限公司案外人执行异议之诉案”。

④ 参见最高人民法院指导案例 155 号“中国某银行股份有限公司怀化市分行诉中国华某资产管理股份有限公司湖南省分公司等案外人执行异议之诉案”。

决、裁定无关。因此，其他债权人基于优先受偿权主张受偿顺位上的优先性时，应当视为与原判决、裁定无关的情形，符合提起执行异议之诉的前提条件。

2. 案外人执行异议之诉的诉讼请求较难得到支持

对于执行异议之诉能否得到法院的支持，需要审查其是否具有足以排除执行的权利。根据《最高人民法院关于人民法院执行工作若干问题的规定（试行）》（以下简称《执行工作若干规定》）相关规定，案外人排除执行的权利包括对执行标的的所有权和其他足以阻止执行标的转让、交付的实体权利。《执行异议和复议规定》第 28 条只明确规定了商品房消费者可以排除强制执行。然而，针对建设工程价款优先受偿权和抵押权等优先受偿权是否属于足以阻止执行标的转让、交付的权利，现有的法律和司法解释中却并未进行明确规定。

在尚未出台的《最高人民法院关于审理执行异议之诉案件适用法律问题的解释（一）》（向社会公开征求意见稿）（以下简称征求意见稿）中，对于优先受偿权能否排除强制执行存在两种不同的方案。方案一原则上禁止案外人以建设工程价款优先受偿权请求排除强制执行，但存在两个例外。而方案二则是一律否定案外人以建设工程价款优先受偿权为由提出排除法院强制执行。① 这两种观点也反映出学界和实务界对于这一问题的普遍认识。如征求意见稿所言，之所以原则上禁止案外人以优先受偿权排除执行，主要是因为案外人可以在执行程序中参与分配。

首先，多个债权人针对同一债务人申请执行的一般规则规定在《执行工作若干规定》的第 55 条中，此处虽然未明确建设工程价款优先受偿权等优先权，但是结合建设工程价款优先受偿权优先于抵押权等担保物权的规则，应当认为在分配时依此顺序清偿。其次，针对债务人资不抵债的情况，则按照执行转破产的程序办理，或者在申请执行人不同意的

---

① 参见 2019 年《最高人民法院关于审理执行异议之诉案件适用法律问题的解释（一）》（向社会公开征求意见稿）第 16 条。

情况下，按照债权的顺位加以清偿。[①] 因此，针对法人为被执行人的情况，也仍然有较为完善的执行程序。在大部分情况下，优先受偿权人均可通过上述程序在执行程序中分配债务人的财产，而无须通过执行异议之诉的方式加以救济，这也正是征求意见稿中原则上均否定以优先受偿权排除强制执行的原因。

不过，在特定情况下，优先受偿权人可能很难通过上述方式有效实现优先受偿权，此时也有观点认为应当例外地赋予优先受偿权人阻止强制执行的权利。[②] 而这一点也在许多地方高级人民法院的相关文件中得以体现。例如，《江苏省高级人民法院执行异议及执行异议之诉案件审理指南（三）》第5条认为，在因对质物、留置物强制执行可能使其丧失质权、留置权，或者强制执行部分抵押财产，可能减损抵押物价值的情况下，优先受偿权人可以通过执行异议之诉的方式进行救济，《黑龙江省高级人民法院关于审理执行异议之诉案件若干问题的解答（修订版）》第9条第1款也采取了类似规定。也有部分法院则直接规定了质权、留置权人可以提出排除执行异议，如《浙江省高级人民法院关于审理案外人异议之诉和许可执行之诉案件的指导意见》第8条第1款。在上述征求意见稿中，方案一的例外也是“案外人尚未取得执行依据且对其是否享有优先受偿权存在争议”以及“强制执行可能导致优先受偿权受到其他实质性损害”这两种情形。因此，归纳上述例外的目的和特征可知，当且仅当优先受偿权人确有必要排除强制执行时，才存在例外地赋予其排除强制执行的权利的可能性。对此，在各地司法实践中往往被具体化为“可能导致优先受偿权丧失”或者“可能减损标的物价值”等两种类型。因此，须区分标的物的移转是否会影响其优先受偿权的实现。

对于三种不同的优先受偿权应当赋予不同的排除效力。针对抵押权，由于《民法典》第406条明确规定了其追及效力，标的物的移转不影响

① 《关于“对〈民事诉讼法〉司法解释疑问”的回复》，载最高人民法院官网，https://www.court.gov.cn/zixun/xiangqing/301111.html，2023年12月15日访问。

② 刘颖：《民事执行中案外担保权人的救济路径》，载《环球法律评论》2022年第5期。

其权利的实现，此时不宜认可抵押权人排除强制执行的主张。针对建设工程价款优先受偿权的追及效力，在实践中存在肯定说、否定说和有限追及说三种观点，其中以有限追及说为通说，即在受让人明知建筑物上附着优先受偿权，或因承包人寻求公权力救济而使工程价款优先受偿权已公示时，建设工程价款优先受偿权才具有追及效力。因此，若案涉不动产权属变动，建设工程价款优先受偿权人可能无法有效追及，在必要的情况下赋予建设工程价款优先受偿权人排除强制执行的权利具有一定的合理性。而针对商品房消费者请求退还价款的债权，由于其缺乏公示，往往不具有追及效力。

综上所述，仅有商品房消费者和部分情况下的建设工程价款优先受偿权人能够排除强制执行。优先受偿权人通过执行异议程序及诉讼阻止以房抵债债权的实现存在现实障碍，而以房抵债的债权人也无法通过执行异议之诉阻止优先受偿权人对房屋的拍卖、变卖，何者能得到事实上的优先清偿存在极大的不确定性，缺乏统一适用的执行竞合解决路径。

三、以房抵债债权与优先受偿权执行竞合的完善建议

（一）明确以房抵债债权的受偿顺位

从实体角度而言，以房抵债的债权实际上是原债权的转化形式，以房抵债仅仅是原债务的清偿方式之一。尽管最高人民法院对于债务履行期届满后的以物抵债协议效力一般予以认可，[①] 但以房抵债债权的实现顺位不应优于原有债权的实现顺位，否则将导致部分债权人不当获利，从而侵害其他债权人的利益。换言之，以房抵债的债权人原有债权为普通债权时，其依照普通债权人的顺位受偿；若其为抵押权人，则依照抵押权人的顺位受偿，以此类推。

事实上，《执行工作若干规定》第55条已经对多个债权人针对同一

---

① 参见最高人民法院（2019）最高法民再311号民事判决书。

被执行人的执行程序作出了一般规定，通常情况下债权人直接适用该条规定参与被执行人的执行分配即可，若被执行人资不抵债时，也可主张执行转破产程序，债权人的权利能得到较好的保障。但目前缺少对以房抵债型债权的分配顺位规定，导致其他债权人的优先受偿权可能受到损害。因此，在完善相应司法解释时应当明确以房抵债不改变原债权受偿顺位，并在多个债权人的债权存在执行竞合时，通过执行分配程序加以解决。

（二）明确以房抵债诉讼的给付之诉性质

实践中，有的法院在确定以房抵债协议有效后，作出确认过户的裁判，或在未对当事人间债权数额等基础法律关系进行确认的情况下，规避基础法律关系的认定问题，直接判决债务人履行以房抵债债务，产生了大量问题。

其一，由于实践中对以房抵债相关诉讼作为给付之诉的性质认识模糊，有的法院通过确认判决或形成判决的方式直接将债务人的房产变更至债权人名下，或者确认债权人对债务人的房产具有所有权或变更登记请求权，从而使债权人享有的金钱债权在未确认债权行使顺序时被变更为非金钱债权，在执行竞合、执行异议时获得不当的优势地位，使执行程序陷入混乱。

其二，基于执行依据必须具备给付内容明确性的特点，在多个债权人对同一个被执行人的财产进行执行分配时，若给付内容明确则难以按照其受偿的顺位和债权数额共同确定分配方案，执行法院也无法在执行程序中解决这一实体争议，将导致执行程序遇到实质阻碍。此时，只能由以房抵债债权人通过分配方案异议之诉等再次确定债权的数额，从而加以妥善分配。但如此一来，以房抵债的判决能起到的实际价值非常有限，重新进行分配方案异议和分配方案异议之诉不但大大降低了执行的效率，而且使司法资源重复浪费，对各方主体的利益均造成了不同程度的影响。

基于上述弊端，未来应进一步完善相关民事诉讼法律规则，针对以房抵债型诉讼，法院应在查明基础法律关系的情况下，作出给付之诉的相应判决，不得适用确认判决或形成判决，在清晰界定双方借贷债权债务数额等关系的基础上，再对以房抵债协议的效力进行认定。此时，应当确定以房抵债协议有效还是无效，在有效的情况下是否应当返还房款与借款之间的差价等问题都更为清晰明确；而对于案外的其他债权人而言，由于金钱债权数额明确，使执行分配在债权受偿顺序的确定上不存在适用的困难。

四、结语

实践中，以房抵债债权和优先受偿权的权利竞合主要体现于执行程序中的执行竞合，处理时应当根据以房抵债中的原债权受偿顺位确定其与优先受偿权的清偿顺序，通过执行分配程序加以解决。为避免执行程序出现障碍，法院应当在诉讼程序中明确以房抵债不改变原有金钱债权的性质和受偿顺位，在查明原有金钱债权的基础上，作出相应的给付判决。

【执行管理和信息化】

论终结本次执行程序案件后续事务集约化管理机制的构建

杜佳鑫*　郭立洲**

摘要： 当前法律体系对于终结本次执行程序案件后续事务管理没有直接的规定作为依据，亦尚未在全国形成统一规范性意见。实务中，大量后续事务工作已影响了现有执行秩序，客观上需要高效处理。但实操中又存在管理散乱、标准不一问题，导致与后续恢复执行程序衔接不畅，不利于切实解决执行难。为强化执行权的行使，从法院自身角度出发，必须以高度的政治责任感，统一规范、深度优化新机制的制度设计，强化各项执行措施和程序的有机衔接，提升执行规范化、精细化管理水平，破解法院执行部门面临的难题，为执行工作高质量发展提供支撑。

随着诉讼量的激增和仲裁、公证事业的发展，各地法院的执行案件数量连年上涨，这一客观趋势还在持续之中。其中，以终结本次执行程序（以下简称终本）结案的案件也在不断增加。终本期间，当事人申请或法院依职权办理的事务量呈“几何级”激增。为应对司法资源相对不足的客观现实，满足推动执行管理机制实现内涵式、跨越式发展的内在

* 广东省深圳市中级人民法院审判员。

** 广东省深圳市中级人民法院执行员。

需求，有必要对终本后续事务采取集约化管理模式，以体现高效执行的价值，进一步实现执行目的，切实解决执行难。

一、终本案件后续事务的概念和范围

（一）终本后续事务集约化管理的定义

终本案件是指人民法院以“终结本次执行程序”方式裁定结案的执行案件。终结本次执行程序的一个显著特点在于其充分保障了申请执行人的权利，只要发现被执行人有可供执行的财产，申请人便可向法院申请恢复执行，并且不受时效所限。[①] 终本案件后续事务则是指执行实施类案件在终结本次执行程序后，在终本期间至案件恢复执行前需要由执行法院处理的各类相关事务。相关事务可以由专门部门根据办理事项类型进行统筹分类，并集中统一处理。需要特别指出的是，以“中止执行”或“终结执行”裁定、发放债权凭证等结案的案件也会产生后续事务，事务的类型与终本案件基本相同，均可参照管理。

（二）终本案件后续事务集约化管理的范围

现有的强制执行法律体系已经不是绝对地坚持对物执行，必须辅以对人执行的手段。[②] 因无可供执行财产终结本次执行程序后，限制消费、失信惩戒等对人执行的措施继续有效。后续新发现财产线索的处理、主动或者和解履行导致的程序和措施变更、债权转让、款项的分配等后续事务在实务中长期大量存在。笔者认为，这些终本案件后续事务可以分为两类纳入集约化管理的范围。事务管理的内容可以分为后续事项办理和恢复执行审查两大块业务。

由于法院多年来未执结的案件客观上大量滞留在终本程序中，每年

① 宋宇：《执行终本完善问题研究》，载《法制博览》2019年第19期。

② 参见黄金龙：《终结本次执行程序的理解与适用》，载《人民法院报》2009年4月24日，第6版。

向法院申请恢复执行程序的案件以及法院依职权启动恢复执行程序审查的案件数量也在逐年攀升。恢复执行集约审查，主要是指对终本案件是否恢复执行进行集中统一审查，既要审查申请主体，又要审查是否符合恢复执行的条件。尤其是申请人提交新的财产线索，需要从财产产权与处分可行性等方面进行审查。

单纯的后续事务集约办理，一般指终本后无须恢复执行程序即可办理完毕的事项，该类后续事务交由专门团队集约办理。这类事项内容比较庞杂，一般又可以分为个案案款划付、财产控制、财产处置、财产调查、执行强制措施办理、信访事项办理、申请执行人审查变更等七大类。其中有的事务类型又可细分为若干小类。如财产处置包括扣划和移送另案处置，财产控制包括查封、扣押、冻结、解除查封、解除扣押和解除冻结，财产调查可分为线上调查、现场调查和发出律师调查令调查等。

二、终本后续事务实行集约化管理的必要性

在终本后续事务巨量存在且不断增加的情况下，其体量已经占据了大量的司法执行资源，原有的粗放式管理模式已经无法应对处理该类事务，客观上不仅影响新立案件的进度，存在难以平衡兼顾的风险，还容易使司法执行工作被当事人诟病，故有必要建立科学高效的机制统一处理该类事务。

（一）巨量终本后续事务工作冲击现有执行秩序

司法资源在任何国家都属于稀缺资源。在我国，近年来，一方面，伴随诉讼量激增而产生的执行案件激增使法院不堪重负；另一方面，仲裁和公证事业快速发展，进入执行程序的仲裁文书和公证债权文书数量快速增长。执行案件数量的膨胀对司法人力、物力的需求急剧上升，案件的递增性与司法资源的有限性矛盾非常突出。作为民事执行首要价值目标的执行效率，是指法院执行投入的人力、物力的量同案件执结带来

的收益量之间的对比关系。[①]

终本结案方式自诞生之初便因其表面上与不间断执行原则的“背离”而备受正当性诘难。[②] 而实务中又衍生出大量具体的终本事务需要管理。一是大量终本案件存在财产续封续冻工作。执行案件的特点就是案件终本后仍然有财产查封冻结、续封续冻、解封解冻、变更申请执行人、恢复执行审查、和解等大量的终本事务。特别是离开法院执行局甚至离开法院的原执行法官承办的终本案件，也只能由还留在法院执行局的原合议庭成员或其他办案人员承担办理责任。终本事务逐年增加，结果是严重挤占了执行法官的时间和精力，使执行法官和法官助理能投入新收案件办理的时间和精力越来越少，严重拖累了新收执行实施案件的办理效率。二是处理离开执行岗位人员遗留案件的跟踪管理和收尾工作。离开执行岗位人员原来办理的执行案件，后续的财产续封、解封、处置、恢复审查、结案、信访答疑等工作都需要重新调配人手处置，一定程度上挤占、消耗了现有执行法官的时间和精力，制约着现有执行案件的快速推进。

（二）当事人行权不便

终结本次执行程序的适用让“客观不能”的执行案件暂时退出执行程序，执行资源由此被投入有财产可供执行的案件中；原来的案件并未真正结束执行，案件进入休眠状态后仍可以通过后续制度起死回生，再次进入执行程序。[③] 终本案件如何“激活执行程序”，或者在休眠状态下怎样处理事务性申请，全国法院并无统一标准，各地法院做法不一，最常见的问题如下：一是案件当事人向执行法院提交事项申请存在沟通衔

① 参见周一兵、舒秋膂：《效率与效果的博弈与双赢——从“一人包案”到“分段集约”执行改革的法理思考及制度构建》，载万鄂湘主编：《审判权运行与行政法适用问题研究：全国法院系统第二十二届学术讨论会论文集》，人民法院出版社2011年版。

② 杨立帆：《论民事执行“终本”制度之式微》，载《河北农机》2020年第4期。

③ 转引自辛苗苗：《论终结本次执行程序后续制度》，载《中共青岛市委党校 青岛行政学院学报》2020年第4期。

接不顺畅的问题；二是恢复执行标准不一；三是存在程序空转现象。

(三) 财产脱封脱控风险承压

传统的执行案件办理，是以案为界、以人为界，主要实行由执行法官一人包办的“孤军奋战”模式，执行法官不仅要负责案件的文书制作、查封、扣押、解封、过户、调查、勘查、调解、协调，甚至还要负责指导送达、案卷整理归档等一系列工作，在大量案件庞杂的事务压力下，执行法官疲于应对，难免会出现终本后的一些事务办理不及时或疏忽大意的情况，执行风险控制失衡，容易出现缺口。一是存在财产脱封脱控风险。财产刑执行、诉讼费执行等没有申请执行人的案件，一旦承办人离职或调离交接不到位，已终本的案件就处于“真空”状态。二是存在财产不及时控制而转移的风险，不利于反规避执行。规避执行是执行工作中经常出现的一种情况，是长期以来阻碍法院执行工作的现象之一，是强制执行面临的实际风险。比如，利用程序间隙快速隐匿、转移或低价处分财产，通过虚假诉讼、与第三人恶意串通等方式拖延规避执行。

三、终本后续事务实行集约化管理的可行性分析

在执行领域实行“集约”管理的前提是厘清事务性工作和裁决性工作的界限。终本案件后续事务管理也不例外，其属于纯事务性工作，这类工作不涉及法律专业推理，属于事务实施的范畴。执行程序和终本后续包含大量的执行事务，包括查询、查封、解封、过户、扣划、冻结、解冻、扣押、拘留、送达等，其特点是数量庞大，变量较少，技术含量低、重复率高，其中大部分是根据法律规定而实施的常规动作，具有同质性。执行事务实行集约化管理的显著特征是集中、统一、规范、高效。一是与以往“一人承办、负责到底”办理的模式不同，通过专业化集约管理，执行力量重新整合，形成合力，可以达到有效利用有限的司法资源，提高执行质量和效果的目的；二是可依托信息化手段，探索利用信息化系统统一调配和指挥，使得终本案件后续事务办理的流程更加顺畅，

形成有效闭环管理，最大限度地减少执行事故的发生，提高执行效率。

（一）理论可行性

执行权一般包括裁决权和实施权，兼具了审判权和行政权的双重属性。执行实施权本质上属于行政权，行使执行实施权应当遵循行政权运行的基本规律。裁决程序主要体现的是法官的逻辑思维过程，执行实施权却更多地体现出主动性、命令性、单方性等与行政机关执法行为相似的特征，可以通过集约化管理来提升管理质效。改革之所以可以将不同执行案件中的同类权力集约交由同一机构或人员行使，背后的法理基础也在于执行实施事务或实施事务权具有同质性和可分割性。且基于可分割性，同质性不仅表现在实施事务权整体的同质性，也表现在实施事务权二次分权之后各项子权力的同质性，即各项子权力的性质、内容、行使方式、法律效果等具有一致性。①

实际上，在实行当事人主义的英美法系国家，执行权和实施权的分离已有先例，法官仅负责对执行程序的重大事项作出裁决，而将烦琐的执行事务交由法官以外专门的司法行政人员甚至律师办理。② 由此，终本案件集约化管理，从理论上来说可行可试，通过建立终本事务专业团队，将终本案件事务性工作从执行法官手中剥离，使执行法官能将更多的精力投入新收案件的办理中。同时，也能很好地解决法官离开执行局后，依职权执行案件终本后的恢复和及时续封续冻、防止财产脱控等问题。

（二）实践经验可行性

“集约司法非标新立异、刻意而为之的概念创新，而是源于对法院实践特别是审判管理实践过程中集约化举出的经验总结。”③ 2000年最高人

① 参见肖建国、庄诗岳：《论民事执行实施权的优化配置——以我国的集约化执行改革为中心》，载《法律适用》2019年第11期。

② 参见胡志光：《美国法院的执行程序》，载《人民法院报》2004年10月29日。

③ 参见陈希国、王宗冉：《集约司法：法院参与社会管理创新的策略选择》，载《山东审判》2011年第6期。

民法院发布的《关于改革人民法院执行机构有关问题的通知》要求，必须积极探索裁判权和执行权分离的办法，确保裁判人员与执行人员能够相互配合、分工合作、相互制约。2009 年，最高人民法院颁布《关于进一步加强和规范执行工作的若干意见》，明确指出要实行科学的执行案件流程管理，对案件流程进行明确定位，打破“一执到底”的执行模式，建立分段集约执行的工作机制，实现统一调查、控制和处分被执行财产，保证执行的工作效率和水平全面提高，充分发挥执行长联席会议审查评议的作用。2011 年，最高人民法院颁布《关于执行权合理配置和科学运行的若干意见》，对分段集约执行作出了明确指示，通过分段集约执行，可以全面提高司法公正，确保执行整体效率全面提升。

集约化执行改革过程中，各地法院普遍采用以执行法官为核心的执行团队办案模式，且被视为“基本解决执行难”工作取得的成效。[①] 以广东省 S 市中级人民法院为例，从 2020 年开始，执行实施案件深化机制改革，全面推行事务集约、繁简分流、优化办案三项机制流程，并按事务集约分工设立快速控制团队、外勤事务团队、网拍辅助事务团队和执行款专管团队，四个专业化事务工作团队分工明确、配合紧密、运作高效，切实提高了执行工作效率，各类执行工作指标显著提升，集约效应显著。

事务集约的范围，不仅限于执行实施部门，还可以涵盖执行裁决、执行监督、立案、审判等部门的保全、送达等诉讼事务。同理，终本后续事务管理集约化模式也可以参照其他事务性集约管理经验，科学配置司法资源，将各种资源有机结合起来，确保执行权高质量运行。

四、终本后续事务实行集约化管理的机制构建

“建构合理的制度是一个不断试错的过程，是一个寻找理性与现实交集的过程，理性的谨慎选择和现实的小心求证都是不可缺少的环节。”在执行领域引入集约化改革，不能盲目照搬照移，必须结合执行活动的特

---

① 参见《最高人民法院关于人民法院解决“执行难”工作情况的报告》，载最高人民法院官网，http：//www. court. gov. cn/zixun/xiangqing/124841. html，2022 年 12 月 18 日访问。

殊性由易入难，逐步推进，“从点到面”试行推广，大胆假设和小心求证都是必不可少的过程。终本后续事务实行集约化管理不是物理性压缩，也不是机械重组堆砌，而是由内而外、自上而下的“闭环式”管理，是协调、安全、经济、高效的一种管理模式。针对当前终本案件管理事务性工作，构建集约化工作管理机制，打造终本事务专业管理团队，实行终本案件单独管理；配套建设终本案件管理系统，利用信息化手段实行终本案件后续执行事项的动态管理，以方便当事人行权、协助执行法官办案。

（一）实行集约管理模式

首先，建立分工明确的集约架构。人民法院可以设置专门的终本后续事务管理机构，并下设恢复执行审查和后续事项办理两个专门团队，各司其职。原则上，所有终本案件的后续事务均由上述专门管理机构负责。专门机构统一管理终本后续事务，一方面，畅通当事人或利害关系人沟通了解终本案件相关情况的渠道，尤其是调离执行岗位的原承办人办理的执行案件；另一方面，终本案件后续事项无须通过恢复执行立案即可由专门团队办理，明确了责任主体，减少了当事人诉累，提升了司法效率。

其次，强化信息技术支撑。在信息化时代，以节约资源成本、凸显效率效益为目标的集约化管理不可能独立于信息领域之外持续发展。最大限度地实现集约流程的信息化，是强化集约管理的重要手段。一是信息系统能够为集约化管理提供集约平台，通过信息系统实行集约管理，能够有效削减集约传递环节。终本后续事务管理部门可通过信息系统进行标准化统筹管理、分配实施，事项承办人处理完毕后可以将结果直接在系统上反馈、查询。二是终本后续事务管理机构可以通过信息系统对实施流程进行时间节点、流程节点、操作方式、办理结果等全方位的动态管理，对违反标准化流程办理的事项，可以及时提醒督促事项承办人。三是信息材料交互更精准、更及时，事项承办人办理完成后可以通过信息管理平台及时推送到原终本案件的电子卷宗汇总，原终本案件承办法官能及时了解有关事项的实施进度和情况，实现信息化覆盖的周密性和操作便捷性，最终促进集约化管理的效用发挥。当前，广东省S市中级人民法院已经有不少成功的信息化管理范例，比如创新法院法律文书E网邮寄送达、移动微法院送达、电话辅助送达等模式，有效破解了“送达难、效率低、成本高”的问题等。

（二）组建专业执行团队

从理论研究上来看，在借鉴域外立法规定和我国试点经验的基础上，我们可以将执行命令权授予执行法官来行使。① 将弱裁判性和事务性的执行实施工作，即实施事务权交给非法官执行人员。② 终本事务集约办理质效最终要体现在部门事务办理人的日常工作中，因此，事务办理参与人员的专业素质是维持集约部门高效运转的重要保障。具体来说，终本后续事务管理的专业素质体现在：一是加强财产控制的责任意识，终本后续事务量大繁杂，风险把控必须放在首位，要谨防财产脱封脱控，坚决扛起担当责任；二是加强法定程序意识，在事务办理过程中要时刻遵循有关规范执行；三是加强沟通协调意识，与事项申请人保持沟通，核实明确其申请内容的具体细节，与原执行承办人就一些疑难复杂事项进行沟通，确保事项办理正确高效。

对于专业化团队要建立和完善专业考核标准，制定严格的规范流程，并在实施过程中动态调整各项指标的考核标准，以充分发挥事务承办人、参与人的主观能动性。

（三）明确办案司法责任

健全完善司法责任制度是执行事务顺利开展的必要依据，当前国内很多法院未有关于终本后续事务管理的统一制度规范，在终本后续事务

---

① 参见肖建国：《民事审判权与执行权的分离研究》，载《法制与社会发展》2016年第2期。

② 参见雷彤：《执行体制改革背景下“执行员”的再解读》，载《当代法学》2019年第1期。

集约化管理上，可以探索设置合理的管理层级，注意避免垂直化管理的低效以及扁平化管理的空心化，“立足司法规律，实现有效监督、有序管理，这样有利于推出优质司法公共产品”，[①] 有利于权力运行实现结果的公正和非歧视性，有利于加强司法责任制的落实。

统筹落实好终本后续事务管理方面的责任与具体事务办理责任。责任明确到各事务办理节点的负责人、参与人，能够减少相互推诿扯皮的情况，更好地激发执行干警的主动性，减少缺位、断链、责任真空情况的发生，确保后续事项有效衔接，在高效集约运行中不缺位、不越位、不错位，责任到位，提高终本后续事务办理的质量。同时，统一做法也有利于减少法院和当事人的诉累，统一实务界对终本后续事务审查办理争议的认识，一方面为事务办理人提供有力的遵循，另一方面畅通当事人或利害关系人沟通推进终本案件的渠道，尤其是调离执行岗位的原承办人办理的执行案件，明确由各个节点的具体责任人负责处理。

（四）精细设置流程标准

精细化管理不仅着眼于案件流程等微观设计的完善，更包括整个管理体制的科学设置和整合。[②] 当前法律、司法解释的规定仅对部分执行实施中的部分事项作出框架性规定，对大部分实施事项并未作出细化规定，针对终本后续事务仅有恢复执行的原则性规定，其他事务只能参照执行实施中的事务办理。实践中，终本后续的部分事务处理周期比较长，引发了部分当事人的不满。在恢复执行的审查标准方面，有学者诟病法律规定的缺失是恢复执行适用标准不明的主要原因。恢复执行的具体标准必须通过法律予以规范，方能使终本案件真正退出执行程序。[③]

① 何帆：《全面准确落实司法责任制的三个维度——兼论中国特色司法责任体系的形成》，载《中国法律评论》2023年第1期。

② 参见杜佳鑫：《执行程序精细化管理探析》，载万国营主编：《法官的思维、经验与逻辑》（第3卷），人民法院出版社2018年版，第233页。

③ 参见辛苗苗：《论终结本次执行程序后续制度》，载《中共青岛市委党校 青岛行政学院学报》2020年第4期。

笔者认为，可以根据实务的经验统一设置具体的恢复执行情形，将需要拍卖变卖可供执行财产、执行完毕、终结执行等确需改变原有终本状态的案件列为应当恢复执行的情形，无法穷尽的情形可以通过兜底条款概括，其他事务则在终本状态下直接办理，集约快速实现当事人的诉求，减少等待恢复执行立案所需要的时间，以此实现恢复执行审查和其他终本后续事务的分流处理。

从整个终本后续事务的管理体系的完善来看，非常有必要出台更加精细化的工作规程予以明确，对案款划付、财产控制、财产处置、财产调查、主体变更执行强制措施办理和恢复执行审查进行体系化的管理，进一步统一流程各个节点的标准，明确各个办理步骤的期限，形成统一的做法。具体标准和流程的明确，将为当事人申请恢复执行提供具体的指引和确定的预期，在符合条件的情形下在合理时间内等待办理人员反馈，客观上有利于化解误会，避免质疑，减少摩擦和矛盾，进一步提升司法公信力，构建精细高效运行的终本后续事务处理机制，为立法的精细化提供参考。

终本案件集中统一管理的机制建设与实践探索

孙 晴*

党的二十届三中全会审议通过《中共中央关于进一步全面深化改革推进中国式现代化的决定》，该决定指出“坚持全面依法治国，在法治轨道上深化改革、推进中国式现代化”，强调“法治是中国式现代化的重要保障”。当前，人民群众对执行工作反映的问题主要集中在人民法院对终本案件的管理是否科学、有序，是否能够积极回应群众的诉求。如何将终本案件减增量、清存量，更好维护胜诉权益人的合法权益是终本案件管理的重点。吉林省通化市柳河县人民法院于 2021 年建立“终本案件集中统一管理”工作机制，具体是指人民法院以人民群众对执行工作的诉求为导向，以人民群众集中反映执行工作的问题为出发点和落脚点，积极探索建立全方位、多角度的终本案件集中统一管理机制。将坚持党的领导、坚持以人民为中心、对执行权有效监督作为理论基点，积极回应人民群众对执行工作的诉求，建立一整套源头把控、中端统管、末端出清的三位一体管理模式。

一、终本案件管理体现的执行理念

一是坚持党的领导。执行工作作为人民法院诉讼程序的最后一个环节，是反映法院工作的“晴雨表”。终本案件是尚未实质化解的执行案

* 吉林省通化市柳河县人民法院执行局局长。

件，当事人虽然在程序上胜诉却未能转化为实体权利的兑现。终本案件不仅是法院执行工作的产物，还是影响社会信用体系、影响社会和谐稳定的关键因素，必须始终坚持党的领导、政法委协调、政府支持、法院主办、各部门协同配合的工作模式。坚持党的领导，充分发挥审判权和行政权的特有属性，相互融合，将终本案件管理纳入社会治理模式，全面解决终本案件衍生的矛盾问题。

二是坚持以人民为中心。积极回应人民群众对新时代执行工作的诉求。各级法院每年都有一定比例的终本案件进入终本库，终本案件总量呈逐年递增态势。终本案件的数量代表胜诉权利人利益无法实质兑现的总量，终本案件治理效果事关人民群众最直接的利益，务必作为执行工作的重点、难点问题予以解决。必须坚持人民为中心，从人民群众的需求出发，针对群众反映强烈的终本程序不严格、程序空转、恢复执行难、财产线索搜集难等现实问题，回应群众诉求，提升群众满意度。

三是实现执行权的有效监督。终本案件作为一种程序性结案方式，关系人民群众的切身利益。根据传统办案模式，终本案件从结案环节到结案后的财产线索核查、恢复执行均由一名法官负责，具体办案效果取决于办案法官的专业能力和政治素质，缺少有效监督，风险点较多。而终本案件集中管理彻底打破传统执行模式的“一人包案、一人负全责”的模式，通过严格、周密的制度体系进行监督、约束，将执行权关在制度的“笼子”里。

二、主要做法

吉林省通化市柳河县人民法院建立前端严把终本案件入口、中端集中管理、末端有序出清的管理模式，并设立专门团队实现对终本案件科学管理。建立终本案件管理中心，涵盖涉终本案件的所有业务，不断优化案件管理办理流程，细化责任分工，将专门团队细分为终本结案审查团队、终本案件管理团队、终本案件恢复审查团队、集约事务团队。分别负责终本结案审查、终本库集中管理、终本案件恢复执行审查、集约事务办理、案件流转等工作。

（一）前端融入“终本阅核”制度，严把终本案件入口端

将《最高人民法院关于进一步完善执行权制约机制加强执行监督的意见》作为政策依据，严格把握规范终结本次执行程序的程序标准和实质标准。将终本结案的案件作为院领导重点“阅核”对象，强化院领导对终本案件的监督、管理职能，杜绝因追求结案率而弄虚作假、虚假终本，损害申请执行人的合法权益。终本结案采用实质化审批模式，严格审核线上查控、线下财产调查环节及强制措施、惩戒措施采取情况。执行中已查控到财产的，依法及时推进变价处置程序，对轮候查封但享有优先权的财产应及时商请首封法院移送处置权，杜绝仅将申请人申请终本作为“带财产终本”的理由，必须符合其他合理性条件才能终结本次执行。将执行标的额小于5万元、被执行人首次被执行的终本案件作为重点审批对象，从源头上减少终本案件入库数量，防止边清边积的情况发生。

（二）中端依托信息化手段建立集中统一管理模式，实现对执行权的有效监督

中端管理主要体现监督、集约两大执行理念。监督体现为，与传统终本管理模式相比，该种管理模式将终本案件从原承办人处彻底剥离，结案后案件即移交到终本案件专门管理团队，原承办人对终本案件结案后的线索核查、恢复执行审查、执行接待等工作不再负责，转由各节点设置的不同团队专门负责。吉林省通化市柳河县人民法院自2021年开始不断探索对终本案件集中统一管理，对终本案件全面清理摸底，逐人逐案进行全面梳理，建立终本案件数据库，彻底打破“一人包案到底”的传统模式，建立分段管理机制，从根本上杜绝恢复难、乱恢复的情况发生。集约体现为，终本案件后续工作中存在大量重复性、程序性的工作，将这类工作集约处理，可以有效提升工作效率，实现执行人员、车辆等

资源的优化配置，从制度上缓解人案矛盾突出的问题，走上向制度要效率的快车道。依托信息化为管理助力，通过定制“终本案件管理软件”，实现终本案件由“人工管”到“智能管”的转变，提高工作效率和工作的精准度。

（三）末端通过多角度、多维度对终本库案件“二次加压”，打通终本出清新通道

一是对终本案件进行统筹分类，从多角度、多维度进行划分，有效实现程序性出清。按照案由分类，终本案件中，民间借贷案件占比 74%，金融借款合同案件占比 11. 34%，罚金、退赔案件占比 11. 58%，其他案由占比 3. 08%。将动态数据分析情况及时反馈给诉讼部门，有针对性地在诉前、诉中加大化解力度，确保“调解成功”与“履行到位”一体推进，促进矛盾纠纷一次性彻底解决。按照被执行人主体分类，终本案件中，自然人为执行人的案件占比 82. 23%，企业为被执行人的案件占比 14. 6%，党政机关（含村委会）为被执行人的案件占比 0. 8%，其他组织为被执行人的案件占比 2. 37%。将涉案数量较大、执行标的较高的自然人和企业列为高风险人群，向社会公众公示失信信息，降低交易风险发生率。如针对被执行人企业明确无履行意愿且已资不抵债的终本案件，及时启动执转破程序，清理僵尸企业，有序消化终本案件存量。统计中发现金融企业作为申请人的终本案件占比 11. 34%，终本原因多为抵押物处置价值不足，被执行人无其他财产可供执行。为了降低金融风险，吉林省通化市柳河县人民法院与金融机构建立定期会商机制，提出司法建议，从源头上规范发放贷款行为，减少不良贷款比例；定期开展“涉金融终本清积案件专项行动”，提高清偿比例，压降金融风险。对轮候查封案件，吉林省通化市柳河县人民法院积极协调首封法院执行，通过商请移送、申请上级法院交叉执行，解决财产处置僵局带来的胜诉权益兑现难、周期长的问题。针对被执行人居所地较多在农村的特点，在乡镇、村屯张贴“失信”“限高”名单，辅助推进案件执行。

通过数据分析对被执行人履行能力进行等级评定。以居住地人均收入、年龄、涉执案件数量、涉执案件标的为评定条件，分为三个等级。将履行能力较低的被执行人评定为1级，有一定履行能力的被执行人评定为2级，履行能力较强可能存在逃避执行行为的被执行人评定为3级。根据不同等级有针对性地采取措施，对确无履行能力的被执行人，如申请人符合司法救助条件，及时启动救助机制；对有一定履行能力的被执行人进行定期查控、定期回访，及时对申请人提供的财产线索进行核查，符合拒执罪条件的及时移送公安机关，通过终本但不中止调查的手段对被执行人持续施压，盘活“僵尸案件”。

二是融入社会治理模式。建立“终本名册”共享清单，根据终本案件被执行人身份性质进行分类造册，属于国家公职人员的将名册推送至所在单位，向单位下发“人民法院建议函”，建议所在单位的党委、党组采用约谈等方式对其开展思想政治谈心谈话，敦促其积极履行义务；针对非国家公职人员的终本被执行人，根据其居住地按照辖区分布进行划分，将“终本名册”推送至住所地基层群众自治组织。由政法委协调，法院、公安局、乡镇党委政府签署联合会议纪要，构建“一张网”，打造“社会共治”模式，重建基层信用体系。全县共建立社区网格党支部52个，党小组85个，村网格党小组480个。农村网格503个，城乡社区网格137个。充分利用政法委建立的基层网格，以政法委员、基层自治组织工作人员为“放哨人”“吹哨人”，实现查人、找物信息共享。基层自治组织、政法委员等一经发现被执行人财产信息，即启动预警模式，及时推送信息至网格执行法官采取措施。

三、取得的成效

一是执行权得到有效监督。吉林省通化市柳河县人民法院终本案件质量大幅提升，终本率全力压降，已从管理前的30%左右压降至10%左右，入库增量逐年递减；打通恢复执行快车道，恢复执行申请由专门团队审查，核查财产线索，符合恢复执行条件的流转到终本管理中心备案登记，并移交至立案窗口立案、分案，大大缩短审查周期，也解决了因执行法官交流给当事人带来的“找法官难”问题。终本管理中心定期清理终本库，对执行能力等级较高的被执行人不定期将案件情况汇报执行局局长，集中开展清积行动。减轻执行法官工作压力的同时，通过集约手段提高工作效率，实现执行资源的合理配置。

二是终本有序出清，实现终本库良性运转。终本案件由终本管理中心初查、执行局局长“阅核”双层过滤，使终本案件质量大幅提升，由开始的退还率40%降至不到5%，终本率由去年同期30%左右下降到10%左右，小标的执行案件执行完毕率为80%以上。有效从入口端控制终本案件数量，减缓终本库案件数量增长速度。恢复执行案件申请每年500余件，实际恢复执行率为70%，恢复执行案件执行完毕率65%左右。改革畅通了申请人恢复立案通道，恢复执行案件办结效率提升，办理案件质量较好，有效减少程序空转。截至目前，通过执行转破产程序共计出清终本案件300余件，个人参与分配出清终本案件110件，金融案件采取专项行动出清案件485件。2024年首次出现终本库增加案件数量小于终本出清案件数量的情况。

三是社会治理成效明显。自“终本名册”定向推送机制建立以来，吉林省通化市柳河县人民法院在各级党委的支持下完成辖区15个乡镇、3个街道的持续推送，借助基层网格为重点监控的终本案件被执行人制作“财产画像”。自定向推送机制建立以来，共计320件终本案件恢复执行完毕，140余件案件达成和解长期履行。借助网格党支部、党小组掌握被执行人一手资料的优势，敦促其履行案件，重构基层信用体系。部分企业因所涉案件数量较多，账户被冻结，设备被扣押，无法继续维持生产经营。针对此类被执行人，法院将对其债务进行清理，召开债权人会议，制定履行方案，保证企业正常生产取得经营收入后由人民法院统一按照债务履行方案分期、分批兑现债权。例如，法院主持对辖区内一家药企的债务进行清理，统一制定执行方案，推动企业重新生产。

四是人民群众满意度、获得感大幅提升。诉求反馈、线索核查、恢复立案等便民事项渠道畅通，影响群众满意度的堵点、难点持续打通。吉林省通化市柳河县人民法院执行服务中心每日现场接待50人次，电话接待80余次，微信反馈问题30余件，每月平均受理恢复执行线索核查40余件，均及时启动线索核查程序，不符合立案条件的回复当事人。减少终本案件数量，提高执行完毕率，促进当事人自动和解履行是对人民群众权益最实实在在的回馈。吉林省通化市柳河县人民法院将人民群众对执行工作的诉求作为改革创新的出发点和着力点，在接受群众监督的同时不断完善机制建设，人民群众的体验感和满意度不断提升。

终本案件集中统一管理机制的创设既是对人民群众诉求的回应，也是执行工作内部一项重大的创新改革，通过对执行权的有效监督，严控执行工作风险点，保证执行工作良性运转。

浅谈新时代人民法院如何推进执行工作高质量发展

——以某基层法院执行事务中心运行管理情况为视角

李　宁*

生效法律文书的执行是人民法院司法程序中的关键一环，依靠国家强制力实现胜诉当事人权益。近年来，人民法院聚焦“公正与效率”，积极推动执行体制机制改革创新，破解执行质效瓶颈，在打造高效执行新引擎道路上不断探索，有力推动了执行工作高质量发展。笔者在挂任基层人民法院副院长分管执行工作期间开展了专题调研，聚焦充分发挥执行事务中心实体化运行平台功能作用，以科学执行监督管理手段，提升执行工作质效主题，通过提取执行指标数据进行分析、深入基层走访、与社会各界人士进行座谈、查阅涉及执行案件群众来信来访材料等方法，汇总掌握情况，结合市情、区情研究分析，宏观把握、提炼观点，提出监督管理基层法院执行工作的意见建议。

一、执行事务中心运行前后执行质效基本态势

2023年执行事务中心建成前，某基层法院执行工作运行态势平稳，案件执结率呈逐年递增趋势，但执行完毕率、执行到位率、平均结案天数仍为弱项指标。

---

* 广东省汕头市司法局党委委员、副局长，广东省汕头市澄海区人民法院党组成员、副院长（挂职）。

2023 年 12 月，执行事务中心开始实体化运行，有力带动执行工作提质增效。2024 年，各项衡量执行质效的核心数据均位于全市前列，执行质效呈持续向好态势，其中新收执行案件数为 1828 件，新收执行案件增幅同比下降 24.18%，结案数为 1847 件，执行完毕率为 42.56%，执行到位率为 58.51%，执行平均结案天数为 51.57 天，首次执行案件终本率下降至 32.44%。与 2023 年同期相比，执行质效各项核心指标排名均有较大的提升。

2024 年执行完毕率和执行到位率与同期相比均有较大幅度的提高，有效保障了胜诉当事人的合法权益。

2024 年以来，执行案件的平均结案天数与同期相比缩短了一半以上，执行办案效率提升明显。

2024 年以来，首执案件终本率明显下降，执行质量和执行效果实现双提升。

二、执行工作存在的主要问题

执行数据态势显示，该院执行事务中心运行后执行质效有效提升，但仍存在一些问题。

（一）执行工作质效有待进一步提高

2021 年至 2023 年，该院执行工作主要质效指标中存在弱项指标，三年来平均结案天数均在 90 天以上，执行完毕率更是呈现逐年递减趋势。执行事务中心运行前，弱项质效指标连年来未能有效增强，究其原因在于执行分工模式未能适应当前执行案件数量长期保持高位运转的态势。很多案件未经过繁简分流程序直接分配给执行员，执行员需负责案件从发出执行通知书到案件结案的整个过程，这种“一人包案到底”的传统办案模式已不适应案件量连年递增的情况。随着案件量不断增长，执行员忙于处理案件的程序性事务，较难抽出时间和精力对案件的具体情况进行详细的研判分析，执行案件只能按部就班跟着程序走，以致用于衡量执行质效的各项指标连年无法得到有效的改善。

（二）综合治理“执行难”效果有待进一步提升

执行工作融入党委综合治理大格局还不够深入，很多案件虽经调解但仍需执行“兜底”，如该院2021年至2023年新收首次执行案件中以劳动仲裁文书为执行依据的案件仍有241件无法通过多元纠纷解决机制进行化解。调解结案进入执行程序的案件不减反增，2021年至2023年该院执行依据为民事调解的新收首次执行案件逐年增长（2021年为231件、2022年为357件、2023年为476件）。此外，执行联动机制建设虽有所加强，如在市级层面建立查人扣车协作机制，但在充分利用基层网格化管理前端提升查人、找物、送达工作效能方面仍有很大提升空间。执行工作仍然未能完全融入党委领导的社会综合治理体系。

（三）执行队伍建设有待进一步加强

该院执行队伍力量较为薄弱，2023年前执行局仅有局长具有员额法官身份，非员额法官承办大量执行实施案件（2023年人均465件），队伍整体活力和战斗力有待提高。执行辅助人员过少也导致难以搭建分工更加细化的专业性执行团队，与加快形成“简案快办、繁案精办、专案专办”的工作模式仍有差距。

三、推进基层人民法院执行工作高质量发展的意见建议

结合调研情况及当前执行工作所面临的形势任务和机遇挑战，笔者以执行事务中心建设为牵引，以加强科学有力监督管理、提升执行质效为主线，提出意见建议。

（一）注重依法执行，主动融入综合治理

坚持依法执行理念，以善意文明执行理念优化执行方式方法，在服务高质量发展大局中展现新担当新作为。强化执行事务中心前端治理，

将财产查控、司法评估、线下调查等执行事务性工作前置，有效减少进入执行程序案件数，大幅压减案件结案用时。加强督促前置，运用“执前调”“执保”同步工作法，落实对被执行人的释明引导、提醒督促、约谈催告、拒执警告、风险提示，促进有财产案件自动履行；强化保全前置，完善推动诉前保全、登记立案、诉调对接等工作衔接，实现“以保促执”；落实“浦江经验”要求，规范信访管理，健全专人负责、有信必复、约访接访等机制。积极主动争取党委政府的支持，构建多部门、跨行业执行联动协调工作机制，细化协作职责、明确协作事项清单、完善协作程序，形成闭环，广泛凝聚合力，全面巩固综合治理执行难工作格局。

（二）坚持务实为民，拓展司法便民利民功能

坚守司法为民初心，把维护当事人合法权益作为执行工作的出发点和落脚点，不断提升人民群众司法获得感。以“执行永远在路上”的理念，积极推进专项执行行动。开辟涉民生案件优先接待、及时立案、高效执行、快速兑付的“绿色通道”。重点案件由领导包案、靠前接访，局领导深入走访调查、加强沟通协调。积极运用联合查人扣车机制，强化财产联合查控和失信联合惩戒。善用司法强制措施，促进执行财产实际到位，及时兑现申请执行人权益，营造强大执行震慑力。推进执行事务中心与诉讼服务中心有机衔接，提供申请执行引导、材料收转、释法答疑、预约法官、安排调解，以及受理执行申请、审查立案、涉执信访等“一站式”服务，使执行事务中心真正成为“一站式”全方位执行服务窗口，切实打通司法为民“最后一公里”。

（三）坚持守正创新，深化执行机制改革

以新质生产力求突破，积极回应人民群众期待，实现基层探索与上层设计的良性互动。积极发挥头雁效应，实行执行局局长“首接制”，即执行局领导带领资深法官靠前提供“一站式”服务；实行“一线调查、

分片联系制”，即执行局副局长分别带队分片区深入一线调查，同时分派人手，通过与工商、税务等部门的沟通联系对被执行企业的经营状况和资产情况进行实时监管，明晰执行局局长的“职”与“责”。召开办案理念务虚会、研讨指标数据周例会，以及开展执行员办案心得分享沙龙等活动，及时盘点总结，研判态势。高位统筹建立审查执行异议专业合议庭机制，由执行局以外3名审委委员组成执行异议专业合议庭，高标准办理全院执行异议案件。设立“年轻执行员导师制”，即由一名经验丰富的执行员与一名新入职的执行员“结对子”，发挥“传帮带”作用，激发执行局团队管理效能。强化局办综合保障效能，严格承办人办案主体责任，推动形成严谨规范、从优从速、多方合力的执行工作新模式。健全执行信息化联动机制，充分利用办案辅助系统，借助人工智能技术缩短查控时间，实现更全、更快、更及时、更节省人工的查控操作，让现代信息技术更好服务保障执行工作。

（四）狠抓监督制约，扎紧扎牢制度笼子

完善执行权监督有利于确保每一项执行行为均符合法律要求，在保证公正性的前提下提高执行效率。优化调整执行办案团队，完善恢复案件立案分案、执行异议、司法评估、执行款监管等多项工作机制。改变“一人包案到底”的传统办案模式，不断推进执行事务集约、繁简分流工作机制建设，优化人员配置、科学分工，组建专业化执行辅助团队，强化执行局内部监督。充分发挥法院各部门的职能作用，构建全方位、多层次、立体化的法院内部监督管理体系，切实解决执行监督不到位、执行行为不规范等问题，确保高效公正规范文明执行，以实际行动让人民群众在每一个司法案件中感受到公平正义。

【调研与实证】

内部交叉执行的现状审视与规则创设

陈 岩* 武天义**

摘要： 交叉执行是人民法院以“小切口”推动切实解决执行难的重要抓手，是新时代人民法院“切实解决执行难”的重大制度创新。笔者选取了交叉执行重要方式之一——内部交叉执行作为研究对象，以习近平法治思想为指导，以S省法院2024年内部交叉执行情况为研究样本，通过调研访谈和问卷调查，分析人民法院开展内部交叉执行的现状及特点，深挖其中的问题，探求内部交叉执行的法理基础及正当性，在此基础上，从四个“靶点”提出完善内部交叉执行的考量因素和具体措施，创设具有可操作性的具体规范和配套机制，将内部交叉执行的规范探索转化为指导交叉执行的重要参考和执行领域的鲜活实践，切实保障人民群众胜诉权益，不断提升人民群众执行获得感，厚植党的执政根基。

2024年3月19日，最高人民法院印发了《关于全面推进交叉执行工作的通知》，针对长期困扰执行工作的三大顽疾——消极执行、地方保护、执行质效不高等突出问题，系统构建督促执行、指令执行、提级执行、协同执行、集中执行等多位一体的交叉执行机制。该机制创新旨在通过执行管辖权的动态调整和跨越执行力量的协同联动，突破传统属地

---

* 成都铁路运输中级法院党组成员、执行局局长。
** 成都铁路运输中级法院执行局四级高级法官。

执行模式的局限性，有效防范权力干预、地方保护及人情因素对执行工作的不当影响，切实提高执行的规范性和实效性。本文以《关于全面推进交叉执行工作的通知》提出的“执行法院内部交叉执行”为研究对象，选取S省中级法院2024年1月至2024年12月的内部交叉执行情况为研究样本，综合运用深度访谈、问卷调查等研究方法，系统剖析制度运行中的效能优势与现实困境。通过解构内部交叉执行的程序法理，揭示制度运行的制约因素，构建包含执行启动标准、程序衔接机制、监督评价体系等要素的系统化优化方案，为深化执行体制改革提供理论支撑与实践参照。

一、现状审视：内部交叉执行运行之实践考察

（一）内部交叉执行制度梳理

根据笔者考证，我国现行法律制度体系中，并没有关于内部交叉执行的明确规定。从司法实践来看，内部交叉执行，是指在法院执行机构内，每名法官或者每个办案团队从案件立案之日起在法定期限内独立执结各自分派的案件，逾期未执结或者出现特定情形的，无条件地将案件交叉给其他法官或者办案团队，更换后的法官或者办案团队在同等条件下执结案件的，原执行法官或者办案团队应当作出书面说明，如非因客观原因未能在法定期限内执结的，将承担相应的责任。《关于全面推进交叉执行工作的通知》中，内部交叉执行仅是作为交叉执行的一部分，而交叉执行的法律依据主要是《民事诉讼法》第237条：“人民法院自收到申请执行书之日起超过六个月未执行的，申请执行人可以向上一级人民法院申请执行。上一级人民法院经审查，可以责令原人民法院在一定期限内执行，也可以决定由本院执行或者指令其他人民法院执行。”该规定中的“责令原法院执行”“提级执行”“指令其他法院执行”即为交叉执行，其中，责令原法院执行是内部交叉执行的重要法律依据。最高人民法院执行局局长黄文俊认为：“新时代交叉执行唤醒了民事诉讼法第二百

三十七条规定这个‘沉睡条款’，并赋予其新的时代内涵历史使命，为执行工作注入新质生产力。”①

笔者进一步查阅相关规定发现，首次提出交叉执行的文件是最高人民法院于 2004 年 10 月 21 日印发的《关于进一步加强人民法院基层建设的决定》，该决定要求对跨地区的重大执行案件，要实行指定执行、交叉执行、提级执行等方法，排除地方保护主义的干扰。2009 年 7 月，最高人民法院印发《关于进一步加强和规范执行工作的若干意见》，强调通过上级法院提级执行、指定执行、交叉执行等途径，纠正违法执行和消极执行行为，加强对执行权行使的监督。2019 年 2 月，最高人民法院印发《最高人民法院关于深化人民法院司法体制综合配套改革的意见——人民法院第五个五年改革纲要（2019—2023）》，该文件提出完善协同执行、委托执行机制，规范指定执行、提级执行、交叉执行的提起和审批程序。2021 年 12 月，最高人民法院印发《关于进一步完善执行权制约机制加强执行监督的意见》，要求对辖区内跨区域执行案件、一个被执行人涉及多起关联案件、疑难复杂案件等统筹调配执行力量，集中执行、交叉执行、联动执行。2024 年 3 月 19 日，最高人民法院印发《关于全面推进交叉执行工作的通知》，明确了开展交叉执行的意义、案件范围、类型等，对交叉执行作出较为细化的规定；并专门针对执行法院内部交叉执行作出规定，要求超过 6 个月未执结，以及案件难度不大的案件，可以在法院内部进行交叉执行，通过变更案件承办人或者执行团队，充分发挥法院内部潜力推进执行，这是最高人民法院第一次以正式文件形式规定内部交叉执行。2024 年 6 月 17 日，最高人民法院印发《关于交叉执行工作的指导意见》，以必要性、便利性、规范性三原则为指引，推进交叉执行向法治化、规范化、常态化运行。

通过梳理有关文件规定，可以看出内部交叉执行呈现以下特点：一是交叉执行的主要功能和意义在于纠正违法执行和消极执行，排除地方

① 黄文俊：《深入贯彻习近平法治思想做深做实交叉执行》，载《中国审判》2024 年第 12 期。

保护主义干扰，加强对执行权运行的监督管理。二是内部交叉执行在《民事诉讼法》及司法解释层面均未确立程序法源，导致制度运行陷入"高位阶规范缺位、操作性指引不足"的双重困境。三是实践运行面临差异化问题，受制于执行资源配置不均衡、法官考核设计欠缺等因素，部分法院推进并不理想，出现选择性适用、程序空转等现象。

（二）内部交叉执行质效数据反馈

笔者依托执行指挥平台进行基础数据提取，同步整合S省高级人民法院定期发布的交叉执行通报数据，形成基础样本数据。为提高数据的精准性，笔者通过电话访谈向相关法院工作人员进行了核实，在确保各项统计数据无误的基础上，选取了S省2024年1月至12月内部交叉案件数较多的10家中级人民法院（含基层法院）数据作为样本，考察内部交叉执行运行情况，总结特征和规律。

通过数据分析发现：一是内部交叉执行制度应用比例呈现区域性差异，在10家抽样法院中，内部交叉执行案件占首次执行案件总量的比例介于0.32%至0.85%，整体平均占比为0.66%，反映出该机制在司法实践中的应用广度有待提升。二是多数法院内部交叉执行案件的执行完毕率、到位率高于首次执行案件，但没有质的突破，执行完毕率平均高出7.1%，执行到位率平均高出4.5%。三是执行效率指标呈现逆向波动，内部交叉执行案件平均执行周期达133天（含前后段执行期限）较首次执行案件的83天延长50天，增幅达60%。以上反映出，通过内部交叉执行可以有效提升执行案件质量，但延长了执行周期，在执行效率维度存在较高制度成本。

（三）内部交叉执行调研成效反馈

为进一步挖掘深层次问题，笔者选取了S省C中级人民法院及辖区6个基层法院作为调研对象，设置5个核心问题，并通过面谈或者电话方式对40名法院工作人员及申请执行人开展调研访谈和问卷调查。本次调研对象以中基层法院执行局局长、庭长以及员额法官为主。其中，执行局局长5人，专职委员3人，执行庭负责人7人，审管办负责人4人，员额法官（除领导干部外）10人，法官助理3人，申请执行人8人。中级人民法院人数占比20%，基层法院人数占比80%。表1梳理出与本文研究相关的题项及统计情况。

表1　内部交叉执行调研题项及反馈统计

序号	题项（具体问题）	调研反馈
1	内部交叉执行与质效关系	1. 60%的干警认为可以提升质效，但增加了时间成本，交叉执行前后的法官均可能产生依赖心理； 2. 22%的干警认为质效提升是多种因素综合作用的结果，内部交叉不必然提升质效； 3. 18%的干警表示不清楚
2	内部交叉执行适用范围	1. 69%的干警认为内部交叉执行主要适用于消极执行的案件； 2. 16%的干警认为主要适用于繁案； 3. 15%的干警认为内部交叉执行适用范围应包括法官离退休前所办理的未结案件
3	内部交叉执行时间节点	1. 52%的干警认为执行法官对案件提出终结本次执行时可以启动交叉执行； 2. 34%的干警认为应区分简案与繁案，简案执行1~2个月，繁案执行3~4个月未执行到位的，可以启动交叉执行； 3. 14%的干警认为应在充分听取申请执行人的意见后，决定是否启动交叉执行； 4. 近85%的干警认为内部交叉执行总期限，不应超过法律规定的6个月，15%的干警认为交叉执行案件较为复杂，应根据案件实际情况予以延长
4	当事人对内部交叉执行态度	1. 调研的8名当事人中，5名对交叉执行持保留态度，担心更换法官后，对案件不熟悉，使执行时间变得更加漫长； 2. 3人持赞成态度，希望通过内部交叉执行进一步强化执行措施，取得良好效果

（续表）

序号	题项（具体问题）	调研反馈
5	内部交叉执行的意见	1. 80%的干警建议上级法院能够建立完善内部交叉执行长效工作机制，包括启动条件、时间节点、审批流程、绩效考核等； 2. 基层法院25%的干警建议限制交叉执行范围，缓解案多人少的矛盾； 3. 申请执行人建议法院启动交叉执行可以先征求其意见建议

梳理上面调研情况发现，内部交叉执行特点明显，优劣并存：优势主要体现在可以提升执行案件的质量，有效破解执行难；不足之处在于缺乏长效工作机制，增加了执行时间成本，助长法官的依赖心理。针对内部交叉执行优缺点，法院干警建议，应完善内部交叉执行工作机制，明确交叉执行适用范围，既保障和提升执行质效，又不增加法院工作量，缓解人案矛盾。当事人建议，法院启动交叉执行可以先征求其意见建议，虽对该项工作有疑虑但希望能够参与到该项工作举措中。

二、隐匿角力：内部交叉执行面临的困境

从制度规范与司法实践的实证分析来看，我国当前内部交叉执行制度面临三重现实困境：常态化运行机制缺失导致的程序系统性失范、权力运行成本递增引发的效率减损以及监督体系薄弱形成的问责真空。为系统解构制度运行障碍的生成机理，本文拟从规范基础、程序构造、监督机制等方面展开剖析。

（一）制度供给不足，导致审查程序失范

法律对于某种情况没有规定或者规定不明确的，容易造成实践中不同法院不同人员对同一问题认知、理解的不一致，进而导致结果差异。内部交叉执行启动需要审查主体依据审查标准、遵照审查程序在一定期限内作出审查决定；另外，内部交叉执行涉及执行法官这一执行主体的

变更，对执行当事人利益会产生潜在的影响，因此，内部交叉执行的审查应当有法可依且谨慎为之，即使法律没有明确规定，要作出交叉执行决定，也应秉承公正与公开原则。遗憾的是，现行法律制度并未对内部交叉执行的审查主体、标准、期限等作出规制，导致法院拟作出交叉执行决定时陷入无法可依的困境。司法实务中，为了能够尽可能符合法律规定，法院一般按照内部工作惯例，由合议庭审查作出决定，这样的决定过程存在一些弊端。一是局限于执行局内部法官组成合议庭进行审查，审查可能难以做到公平、公正。二是有的执行法官囿于执行案件数量多、精力有限，往往以书面审查为主，而且多采用非公开审查方式，较少听取当事人的意见，当事人的知情权、参与权等诉讼权利无法得到有效保障。

（二）权力行使成本增加，引发司法效能递减

权利保障承载着人类美好的愿望，但权力行使成本却为其划出了边界，世上没有免费的午餐，如果不注意权力行使成本，那么对权利的保障有时反而会损害权利本身，产生适得其反的效果。内部交叉执行虽然有潜在的执行激励和竞争力，但存在执行行使成本增加的弊端。一是制度运行成本递增。需交叉执行的案件普遍存在执行标的额大、财产线索难查找等特点，案件交叉过程中需要重复投入司法资源进行财产调查、案情梳理和多方协调，部分前段执行法官选择性移交案件信息，致使后续执行陷入重复劳动。上述质效分析中，法院内部交叉执行案件平均执行周期较常规案件延长60%，司法资源投入增加近1.5倍即为明证。二是存在执行程序空转的情形。调研发现，现行审查机制对交叉执行启动标准把控不严，导致部分无效执行消耗有限的司法资源。有的内部交叉执行案件属于被执行人确无财产可供执行的执行不能案件，有的法院存在同一案件反复交叉执行的现象，如某基层法院出现单个案件两年内三次启动交叉执行的案例，形成“执行—交叉—再执行”的程序空转情形。三是增加当事人执行成本。执行主体更换引发的信息偏差直接转嫁为当

事人执行成本，内部交叉执行后，新承办法官因不熟悉案情往往要求当事人重复提交执行线索，出现“一案多查”“重复提交财产线索”的现象。

（三）考核机制欠缺，助长法官的依赖性

当前，法院内部案件办理数是法官绩效考核的主要指标。比如，《某基层法院机关执行团队业务绩效目标》规定：“员额法官年办案基数为35件，每超过1件加0.2分，无上限。”内部交叉执行的运行模式是一个执行案件由两个独立的执行阶段构成，分别由不同的法官单独负责，如何对内部交叉执行的前后两名法官进行考核，笔者调研的法院均没有作出细化规定。当滞后的考核机制面对内部交叉执行的新特征、新要求没有作出有效回应，无法科学评估前后两阶段执行法官对案件的贡献值，也就无法进行科学合理的执行工作考核，难以实现执行激励和调动法官的积极性。激励监督机制的不健全，可能导致执行前后两个阶段的法官产生依赖、推诿，最终会损害当事人的合法权益，消减内部交叉执行的积极作用。

（四）监督机制不畅，影响交叉执行效能

《民事诉讼法》第236条和第238条分别规定了当事人、利害关系人对执行行为，以及案外人对执行标的提出异议的救济途径。《最高人民法院关于人民法院办理执行异议和复议案件若干问题的规定》等进一步细化了人民法院审查执行异议的条件和程序，完善了当事人、利害关系人对执行行为提出异议的救济途径。但是，如果当事人、利害关系人对内部交叉执行程序的适用提出异议，能否参照上述规定获得救济，目前尚无明确规定。习近平总书记在十九届中央政治局第十一次集体学习时强调：“只要公权力存在，就必须有制约和监督。不关进笼子，公权力就会

被滥用。”[①] 现代民主政治的基本理念要求任何公权力都应当接受监督制约，因为权力具有自我扩张的本性和滥用的危险。内部交叉执行也不例外，同样必须接受监督制约，在制度的框架内运行。内部交叉执行虽然打破了“一人执行到底”的执行模式，但本质上依然是单一主体的执行模式，只是变成了两个阶段不同主体的执行，内部交叉执行欲发挥应有的功能和作用，需要从司法解释层面明确内部交叉执行程序适用的监督机制，该机制应包括对内部交叉执行后的法官执结案件，而原法官未能在法定期限内执结案件的追责，以追责倒逼司法责任的落实，确保内部交叉执行与其他审判执行权一样在监督中依法运行。从笔者调研情况来看，鲜有法院启动对内部交叉执行案件原法官的追责工作，一定程度上影响内部交叉执行的效能。

三、良性运行：激发内部交叉执行效能的规则创设

机制的构建，应当顺应“理性人”的假设，必须正面面对司法人员作为理性人的天性选择，如果忽视人性在工作中可能存在的自私与回避，构想的机制就容易沦为空中楼阁。比起让执法者如圣人般放弃所有私欲，通过构建顺应人性的制度回避人性的弱点，其成本要低很多。笔者考虑内部交叉执行规则的创设，当然不否认思想政治建设、法官综合素质提高等所带来的长效获益，但重点思考如何通过客观的程序设置尽可能发挥内部交叉执行的优势，避免其弊端。

（一）启动靶点：当事人申请为主导，职权启动为制约

首先，作为我国民事执行机制改革的创新举措，内部交叉执行在实现程序监督与效能提升方面具有双重价值。但司法实践表明，该制度在运行中面临创新价值与周期损耗的平衡难题。从法经济学视角审视，交叉执行的制度边际效益呈现递减趋势，当执行不能的客观现实未发生根

① 习近平：《在新的起点上深化国家监察体制改革》，载《求是》2019 年第 5 期。

本改变时，单纯更换执行主体不仅难以突破“执行僵局”，反而可能因重复执行加剧司法资源的供需矛盾。因此，将内部交叉执行的制度功能定位于本身不具有严重外部干扰、不具有法律适用难题、影响范围有限的“消极执行、拖延执行”案件，最大的优势在于用“成本更低”的方式克服执行法官的主观惰性。这种功能限缩既能保持制度威慑力，又可避免司法资源的无谓消耗。

其次，从调研反馈看，现阶段内部交叉执行以法院依职权启动为主，当事人申请法院启动的情形较少。根据《民事诉讼法》的相关规定，民事强制执行主要依当事人申请而启动。另外，内部交叉执行的直接受益主体是申请执行人，因此，内部交叉执行应当充分尊重申请执行人的权利，赋予申请执行人申请交叉执行的程序启动权。当事人应当以书面形式提交申请，法院在收到申请后，由相应的审查部门于一定期限内作出是否启动的决定。

最后，依照交叉执行运行逻辑，内部交叉执行依职权直接启动，体现的是法院内部的监督管理，这将有力地促进法官依法积极履职，从制度上发出克服消极执行、拖延执行等“执行乱”的强烈信号，彰显执行权的权威性和执行行为的公信力。但法院依职权启动内部交叉执行程序，应当设置一定的限制条件，防止程序启动的任意性。对于法院主动启动内部交叉执行程序的，应赋予当事人异议权，异议审查则由执行局以外的执行审查部门负责。

（二）流程靶点：“两固定一设置”模型搭建或再造

1. 固定审查主体

《最高人民法院关于交叉执行工作的指导意见》第5条规定，由法院在审查的基础上决定交叉执行；但对于法院哪个部门来审查，则未具体规定。内部交叉执行的性质是执行监督，那么在解释论层面首先应当以执行监督的相关规范为依据展开分析，其次基于执行监督与审判监督的亲缘性，也可以参照审判监督的相关规范加以论证，即无法可依前提下的法律续造。[①] 另外，根据上述内部交叉执行理论，制度的设计要防止某个主体既当“运动员”，又当“裁判员”，要以切蛋糕的人最后一个分得蛋糕的程序设计，保障结果的正义性。对此，笔者认为，内部交叉案件前后段的执行均由执行局法官负责，启动内部交叉执行的审查主体应将执行实施部门排除在外。结合法院职能配置，对于人数较多的法院，可以由执行裁决部门作为内部交叉执行的审查主体，而人数较少的法院或者基层法院，则交由审判监督团队审查，以保障审查独立、公平和公正。

2. 固定时间节点

根据法律规定，民事案件的执行期限为6个月，同一执行案件即使更换了执行法官进入内部交叉执行程序中，执行期限也不应超过6个月。此种情况下，何时启动内部交叉执行程序应根据不同执行案件类型予以不同规定：一是针对简案，如执行标的额较小，或者对被执行人人身、自由、名誉等的限制和剥夺，可以快速执结的，在1个月内不能执结，符合启动内部交叉执行程序条件的，应启动内部交叉执行，前后执行期限不超过6个月。二是对于案件复杂，执行标的存在争议或者被执行人或执行财产难找的执行案件，首次执行的执行期限应为4个月，4个月不能执行的进入内部交叉执行程序，更换执行法官，内部交叉执行期限为2个月，2个月内不能执结的，可申请延期执行。三是严格限定内部交叉执行次数。案件经过一次执行，进入内部交叉执行程序更换执行法官依然不能执行的，不得再次启动内部交叉执行程序进行第三次执行。

3. 设置限制条件

在有财产可供执行的前提下，法院依当事人申请或者依职权启动内部交叉执行，均应设置一定的限制条件，实现依法规范有序开展。笔者通过梳理实践经验以及调研反馈，总结出以下限制启动内部交叉执行程序的条件：一是有财产线索和被执行人下落、执行法官未采取法定强制措施，久拖不执的；二是简案执行1个月、繁案执行4个月无实质进展且

---

① 邵长茂：《执行案件法律适用方法论》，载《法律适用》2023年第11期。

无正当理由的；三是执行法官在办理案件过程中存在违纪违法行为的；四是执行法官离退休前所办理的执行案件未执结的；五是存在其他消极执行、拖延执行情形且情节较重的。

（三）激励靶点：健全考核体系，促进执行协同

内部交叉执行的有效运行依赖于前后执行阶段的有效协同，其激励点位在于构建科学合理的考核体系。针对执行案件因法律依据差异导致的执行措施多样性特征，探索建立以财产线索发现、财产查控效果、执行到位率等核心指标为导向的考核机制。一是建立专项考核模块。考核中增设交叉执行专项评估单元，打破传统以案件数量为核心的量化考核，构建“要素比重”评价模型。该模型采用动态赋分，将前序执行阶段已完成的财产线索查控工作按贡献权重折算积分，并根据前后执行团队在财产处置等关键环节的实际参与度进行差异赋分。例如，前执行法官完成财产线索初步核查可获基础分30%，后执行法官实现财产变现则获取剩余70%权重分。二是建立内部交叉执行协同工作台账，允许前执行法官通过线索提供持续参与案件执行，对于主动提供关键执行线索的前段法官，可按线索实效性和变现度追加积分。比如，提供被执行人隐匿财产线索并实际扣押的，可追加15%贡献分；提供执行和解关键信息促成履行的，可追加20%贡献分。三是采取优先激励措施，对成功执结交叉执行案件的法官在评优评先中优先考虑；对具有典型意义的创新执行案例在年度十佳案例评选中优先推荐；对形成可复制经验的协同执行在法院系统内部优先推广。该考核体系通过要素量化破解了传统考核中协同不足的难题，利用动态赋分实现执行资源的精准配置。

（四）监督靶点：完善监督机制，以追责促执行

不管什么权力，只要失去监督和制约，都会导致残暴、腐败和不义。因此，要监督与权力并行。内部交叉执行容易诱发的问题是法官利用这一程序消极不作为，前后法官产生依赖心理，甚至互相推诿。一是建立

动态分级智能预警。依托全国法院办案办公平台一张网建设契机，建立自动“双色”预警，根据案件标的额、财产线索复杂度等参数实施智能分级。比如，系统自动针对简单案件执行届满 1 个月，复杂案件执行届满 4 个月未执行到位案件启动黄灯预警，触发内部交叉执行机制，届满 6 个月前 15 日的自动亮红灯预警，触发执行局局长督办程序。二是内部交叉执行作为终本的必经程序。规定拟提交终本程序的案件需要经过内部交叉执行仍无法执结，即执行案件在规定时间内穷尽执行措施并经内部交叉执行后仍不能执行到位的，可以作终本处理。三是严肃追责问责。对启动内部交叉执行程序的案件均应进行评查，经过评查，对前后段执行法官存在消极执行、拖延执行乃至执行腐败问题的，及时启动“一案双查”，发现违纪违法问题线索的，依法追责问责。

四、结语

交叉执行作为破解“执行难”的顶层制度设计和重大创新，其价值定位不应局限于程序的选择适用，而是人民法院提升执行效率和执行质量、切实解决执行难的综合改革路径之一。内部交叉执行作为交叉执行具体方式，与督促执行、提级执行、集中执行等多种方式既有联系又有区别，构成有效破解执行难题的有机整体。在发挥同样执行效果的情况下，内部交叉执行属于成本更小、应优先运用的交叉执行方式，通过变更执行法官或者团队，倒逼依法规范执行，切实保障人民群众胜诉权益，不断提升人民群众的执行获得感。执行机制探索永远在路上，所谓“山重水复疑无路，柳暗花明又一村”，内部交叉执行焕发光彩与活力之路径，还需更多问道于未来实践的积极探索。

小标的额案件执行化解的基本路径

——以建立履行能力与履行意愿评估机制为中心的分析

向　容*　李成巧**

执行案件中，小标的额案件占比一直较高（首次执行案件中，10万元以下小标的额案件占比约70%），且近年来呈现持续上升的态势。2024年，全国法院新收首次执行案件887.74万件，虽然同比呈下降态势，但相较2019年的643.5万件，增幅达到37.95%，执行案件数量仍高位运行，故小标的额案件的化解对整体执行工作具有重要影响。本文立足司法实践，以S省法院近五年10万元以下小标的额执行案件为研究对象，通过观察小标的额执行案件特征，分析小标的额案件执行效果差的原因，并提出小标的额案件执行化解的基本路径。

一、小标的额执行案件样态观察

经分析，S省法院近五年小标的额执行案件主要呈现出数量占比大、执行效果不佳、被执行人履行能力和履行意愿低的特征。

* 四川省高级人民法院执行局法官助理。
** 四川省阿坝藏族羌族自治州中级人民法院执行庭庭长。

（一）小标的额执行案件数量占比大

2020年至2024年，S省法院小标的额执行案件分别为19.95万件、29.00万件、30.71万件、36.09万件、31.08万件，占当年度新收首次执行案件（以下简称首执案件）数量的比例由2020年的68.91%，上升至2023年的72.06%，2024年因改革取得积极成效，小标的额案件数量占比小幅下降至70.25%，但纵览近五年数据，小标的额案件数量平均占比高达70.94%。从增速看，相较于2020年，2024年小标的额案件数量增长速度高于首执案件数量增长速度。小标的额案件成为首执案件“主力军”，拉动首执案件增长。

（二）小标的额案件执行效果不佳

2020年至2024年，S省法院小标的额案件执行完毕率分别为35.81%、35.33%、35.24%、46.06%、48.48%；终本率分别为44.43%、46.81%、40.17%、23.66%、7.68%。2023年以来，小标的额案件执行完毕率、终本率均快速趋优，主要原因是2023年最高人民法院制定了新的审判质量管理指标体系，改变执行到位率计算规则，即先计算每个案件到位率，再加权求平均值，在指标导向下，法院将更多的执行资源倾斜到小标的额案件上，与当年度首执案件相比，小标的案件完毕率、终本率优于首执案件，但差距不大。小标的额案件执行效果并未随着执行联动机制的健全、执行信息化水平的提高及查人控物能力的增强而显著变好，仍有超过50%的小标的额案件会因为被执行人暂不具备履行能力而和解终结或终本，即大部分小标的额案件并没有实现债权人回收债权的期待。

（三）债务人履行能力和履行意愿不明

小标的额执行案件类型较为多样化，以拖欠劳动报酬、婚姻家庭、借款合同、买卖合同、侵权、物业合同为主。基于此，小标的额案件的被执行人以小微企业和自然人为主。小微企业有经营不善、濒临倒闭、资不抵债，没有履行能力的；有尚存固定资产、设备等可供执行，但因轮候查封、银行抵押等原因难以处置，案件执行较难的；也存在大量有履行能力与履行意愿的。自然人为被执行人的案件往往未采取保全措施，且被执行人遍布全国各地，财产查控困难，主要分为三种类型，即被执行人无履行能力、被执行人抗拒执行、被执行人规避执行。目前，在纠纷进入执行前的各阶段，法院并不注重对被执行人履行能力和意愿的查明，即使了解相关情况，也不会通过特定的形式予以固定，形成执行阶段判断被执行人履行可能性的依据，债务人履行能力和履行意愿在实体权利义务划分过程中，始终处于不明确的状态。

二、小标的额案件执行效果不佳的原因分析

在执行资源倾斜的情况下，小标的额案件执行效果仍然不明显，根本原因在于审判与执行全流程缺少实质性衔接机制，大量小标的额案件不经分流，全部径直进入执行程序。

（一）审判执行全流程缺少实质性衔接机制

1. 审判阶段对执行基础考量不充分

审判权是《宪法》明文规定的权利，执行权是由审判权派生的权利。在中华人民共和国成立之初，法院内部有审判机构、管理机构，但并没有专门通过国家强制力兑现债权的执行机构，生效法律文书除当事人自动履行外，由审判机构自审自执。到了20世纪90年代，由于经济快速发展及公民法律意识增强，纠纷不断出现，此时审判部门难以有足够精力兼顾执行，未被执行的生效裁判越来越多，影响司法公正权威，加之审判部门自审自执会滋生腐败等问题。2008年，最高人民法院成立执行局，全国中基层法院相继设立执行部门，实现审执分离是解决前述问题的现

实选择。自此，审判部门负责审判、执行部门专门负责执行生效裁判文书成为司法基于实践的自然分工。此种机制运行的 20 余年间，审、执部门各司其职，审判人员较少对执行基础进行系统性考量。

2. 全流程实质化解纠纷理念缺乏制度保障

自 2015 年实行立案登记制以来，诉讼案件呈现爆发式增长，法院大力推进建立多元化纠纷解决机制，将纠纷通过调解、公证、仲裁等方式解决。但调解、裁判、仲裁、公证等任何一种解纷方式都需要执行兜底，进入执行程序的案件大量增长，执行部门不堪重负。一直以来，执行的力量并未完全集中于查明财产情况、收集和固定财产证据、检验履行能力，还需要解决很大一部分并非应当由执行解决的问题。在裁判生效后要督促债务人履行，在定分过程中引导债权人对回收债权形成理性期待。当前法院已经关注到执行应从末端前移至纠纷化解前端位置，但当前全流程实质化解纠纷的理念并没有系统化的制度加以保障。

（二）保全固定履行能力功能未充分发挥

1. 债权人保全意识不强

小标的额案件权利人往往因为债权金额不高，对于通过法院强制执行回收债权抱有更高的期待，忽略保全的重要性，或对保全机制缺乏认识而较少选择适用。“以保促调、以保促执”，通过保全提高债权回收可能性已在理论、实务界达成共识。保全是防范债务人转移财产、逃避债务的有效手段，在小标的额案件中，保全对促进债权到位的作用更大。

2. 保全的门槛相对较高

根据现行《民事诉讼法》的规定，无论诉前还是诉中保全，通常都需要提供保全担保，由于小标的额案件当事人的诉讼能力相对较低，面对提供担保、提交担保材料等复杂事项，难以完成或满足保全条件。经统计，2020 年至 2024 年，S 省法院的小标的额案件保全率在 21%～27% 上下波动，始终处于低位运行，小标的额保全案件数量占全部保全案件数量的比例在55%左右，远低于小标的额案件数量占首执案件数量60%的比例。另外，《最高人民法院关于人民法院办理财产保全案件若干问题的规定》第10条、第11条[①]虽规定人民法院可以通过网络查询债务人财产进行保全，但其适用具有严格的条件限制，要求同时具备诉中保全、因客观原因不能提供明确财产信息但提供具体财产线索及提出书面申请三个条件。

（三）履行约束激励机制未实质增强债务人履行意愿

1. 强制执行震慑力不足

让当事人迫于强制执行压力主动履行义务是实现债权有效方式。自基本解决执行难以来，法院通过构建外部联动大格局，打通部门间信息壁垒，实现对被执行人名下房产、车辆、存款等常见财产形式的信息化查控，与公安、检察机关等建立打击拒执行为等协作机制，加大拒执犯罪打击力度。但实践中被执行人可通过将财产登记在他人名下，持有他人所有的银行卡，使用绑定他人身份信息的微信、支付宝等逃避财产查控，此外，公安、检察机关对于追究拒执犯罪的证据标准等问题长期存在分歧，追究拒执犯罪合力未完全形成，通过追究拒执犯罪形成打击拒执行为的高压态势并未形成。案件进入执行程序后，虽然会对被执行人采取纳入失信被执行人名单、限制高消费等强制措施，但是对小标的额债务人而言，其信用因为涉诉、涉执已受影响，纳入失信被执行人名单措施对其信用并不会产生更大实质性影响，一处失信、处处受限失信联

---

① 《最高人民法院关于人民法院办理财产保全案件若干问题的规定》第10条规定："当事人、利害关系人申请财产保全，应当向人民法院提供明确的被保全财产信息。当事人在诉讼中申请财产保全，确因客观原因不能提供明确的被保全财产信息，但提供了具体财产线索的，人民法院可以依法裁定采取财产保全措施。"第11条规定："人民法院依照本规定第十条第二款规定作出保全裁定的，在该裁定执行过程中，申请保全人可以向已经建立网络执行查控系统的执行法院，书面申请通过该系统查询被保全人的财产。申请保全人提出查询申请的，执行法院可以利用网络执行查控系统，对裁定保全的财产或者保全数额范围内的财产进行查询，并采取相应的查封、扣押、冻结措施。人民法院利用网络执行查控系统未查询到可供保全财产的，应当书面告知申请保全人。"

惩机制未形成。限制其乘坐飞机、动车一等座，进入高尔夫球场进行高档消费等，较难压缩其生活空间，产生生活不便利性，因为小标的额案件债务人日常出行通常不会选择超出其支付能力的飞机、动车一等座，也不会从事高尔夫运动，住高档酒店，因此限制高消费措施对其影响有限。综上所述，当前针对被执行人及其财产采取的各类强制执行措施，并未形成强大的强制执行威慑力，促使债务人主动履行。

2. 主动履行激励机制不健全

只要小标的额案件债务人具有履行意愿，债权兑现可能性即大大提高。但当前对拒不履行生效判决被执行人重在惩戒打击，缺少正向激励机制，对被执行人而言，其不能从主动履行行为中获益，主动履行与被动执行对其并不会产生明显的区别性影响，其主动履行动力不足。当前各地法院试点实行的履行义务风险告知机制、自动履行信用修复机制，因缺乏具有可操作性、持续性的流程，并不能激起当事人自动履行的自觉性。法院在被执行人主动履行裁判文书确定的义务后，也无法采取优先减免缓交诉讼费，降低保全比例等措施。

三、小标的额案件执行问题化解路径

要实质化解小标的额案件执行问题，切实提高执行到位率，就要在审判与执行阶段建立实质性衔接机制，履行能力与履行意愿评估恰能连接案件的全过程，应在诉讼案件进入法院后即开展履行能力评估，督促履行，提高履行意愿，在案件进入执行前的阶段进行分流，只有确实需要强制力保证执行和具备执行基础的案件才能进入执行程序。

（一）建立履行能力与履行意愿评估机制

1. 履行能力与履行意愿评估归属于审执衔接范畴的原因

（1）由审判权与执行权的关系决定。党的二十届三中全会提出，深化审判权与执行权分离改革，在此语境下“审执分离”表达的是国家司法权中审判权与执行权的基本分工。从权利划分上来看，民事权利可以分为应有权利、法定权利、实有权利，[①] 从实体权利的状态来看，审判程序结束时，法院裁决的权利仍然属于法定权利，执行结束时权利才变成实有权利。在法律思维上，审判权与执行权并不是对立统一的关系，更不是相互制约的关系。审判机构通过审判确认实体权利，执行机构据此实现实体权利，这就是审判与执行、审判权与执行权之间最基本的关系。在审判阶段对义务人进行履行能力与履行意愿评估可以促进裁判文书的执行，实现审判与执行的顺利衔接。

（2）由审判实质解纷功能定位决定。审判的主要作用是对纠纷争议作出裁决，以及为保障其裁决具有执行力而进行审查或证明。保障裁决的执行力主要是指法院对裁决结果是否具有执行力予以形式审查，并为其提供相应的公证证明[②]。审判权行使的直接对象是民事实体争议。[③] 结合我国司法审判实际工作，当事人权益的保障也不必然依靠执行，也可以在审判阶段实现案结事了，实质化解纠纷是审判工作的职责。在审判环节对义务人的履行能力与履行意愿进行评估有利于适时采取措施，固定履行能力，强化履行意愿。

（3）由执行权中的国家强制力因素决定。与审判权不同，执行权（民事）是国家特定机构和组织依照法定的程序，运用国家强制力促使义务人履行生效法律文书所确定的义务，以充分发挥权利人民事权利的功能。[④] 执行权能够专注于执行，高效地实现实体请求权。债权人的权利尽

---

① 文正邦：《论权利及权力》，载《外国法学研究》1996年第1期。

② 此处的公证证明，是指广义上的公证证明，即由国家机关或法律规定的公证机关对特定事项提供的证明。法院的裁判文书和法庭笔录均是公证证明文书，是对事实和权利的公证证明。判决文书作为执行根据即对权利人存在实体请求权的高度盖然性证明。狭义上的公证证明专指公证机关的公证证明。

③ 参见［德］罗森贝克、施瓦布、戈特瓦尔德：《德国民事诉讼法》，李大雪译，中国法制出版社2007年版，第60页；［日］伊藤真：《民事诉讼法》，曹云吉译，北京大学出版社2019年版，第26页。

④ 参见北京大学法学百科全书编委会编：《北京大学法学百科全书·民事诉讼法学 刑事诉讼法学 行政诉讼法学 司法鉴定学 刑事侦查学》，北京大学出版社2001年版，第694页。

可能迅速并完全地得到实现，是强制执行制度最基本的目的。[①] 这就要求法院高效、强制且不间断适用强制执行程序。执行应当剥离非国家强制力因素，其他手段能解决的，不应当依靠执行手段解决，执行权的行使应当集中在执行财产的寻找、财产的处置、打击拒执行为上。履行能力与履行意愿评估为哪些案件能够进入执行程序提供了依据，实现执行工作高效运行。

2. 建立可视化的债务人履行能力评估机制

（1）构建递进式的财产评估机制。案件执行难易的评价标准应当为财产状况，为辨明被执行人的财产能力应建立履行能力前置评估制度，精准识别各类案件，在案件的各个阶段实现分流减量。因此，笔者认为构建递进式的财产查明、固定和推进机制，使债权人从执行终局获取财产的模式转变为冲突进程中递进式回收债权的模式。

（2）在先行调解阶段实现履行能力预评估。在法院立案后，进入诉讼程序前的先行调解阶段，法官组织义务人填写包含其工作、收入、名下财产等信息的财产调查表。在组织调解时，将了解被执行人履行能力作为必要内容，形成对义务人履行能力和履行意愿的初步画像，债权人可据此作出是否申请保全、是否达成协议及协议履行方式、期限等决策，提前作出理性判断。同时，对义务人履行能力的初步固定将对其形成有效约束，促使其自动履行，大大降低义务人在纠纷后续解决过程中通过转移财产等方式减损履行能力的可能性。

（3）在审判阶段精准判定当事人履行能力。在案件审理初期，法官应告知被告涉诉后果，向其发出不履行后果告知，载明诉讼中、执行后征信受损的后果，扼杀被告消极应诉、被动执行的心态，促进自动履行。在庭审中，法官应调查被告财产情况、履行能力，通过诉中财产申报，引导被告如实申报财产。在调解中，要建立调解案件要素式调查笔录模

① ［日］竹下守夫：《日本民事执行制度概况》，白绿铉译，载《人民司法》2001年第6期。

板并推广运用，将诉讼调解案件中被告的调解主观意愿、调解履行能力评估、还债资金来源等记录在册，并对调解后转移财产的行为进行风险预警。在法律文书生效后增设执行提醒，告知被告未在判决文书确定的期间内自动履行债务应承担的不良后果。裁判文书的送达等同于执行通知。

3. 案件全流程推进“评估—分流”

（1）在审判阶段，实现有履行意愿案件的分流。小标的额案件的履行时效尤为重要，当事人因各种原因怠于履行的时候，小标的额案件人难查找，财产也容易被转移，客观上造成执行难。在案件审理阶段，重点关注查明财产，还原义务人的真实履行能力，以规范形式固定义务人财产状况，为执行阶段的履行和确认逃避执行提供基础。把公民的执行请求权保障作为中心，必然要加强当事人对程序的参与性。① 实际上，案件的强制执行不仅依赖于法院的执行强制，还取决于申请人提供有效财产线索，债权人与法院合力追回债权才是有效之道，由此规范义务人财产申报和债权人提供财产线索的限度和时间很有必要。

（2）在执行立案前审查阶段，应全面收集信息，实现无须过多强制力介入即可兑现权益的案件分流。以下几类案件无须过多强制力介入即可完成执行：一是已足额保全争议标的额的案件。在裁判作出后，执行保全部门和审判部门均不负责案款的发放，导致胜诉当事人只能诉诸执行。二是资产处置类执行案件。在审理阶段，法院就已经保全了被告的资产，原告、被告对双方之间的权利义务关系并无争议，均希望快速处置资产，但由于审理阶段法院并无处置资产的权能，只能通过执行程序解决。三是涉及解除网签、确权类案件等行为类执行案件。四是执行立案前已确定被执行人无财产可供执行的案件。

（3）在执行预立案阶段，将案件依照有无财产进行分类识别，实现

① 江涛、方龙华、程晓斌：《论民事执行权的优化配置——以公民的执行请求权保障为中心》，载《人民司法》2011年第9期。

无财产案件的分流。前一阶段的分流已将能自动履行且有履行能力的案件分流化解，实现了过滤。对拟执行案件进行第二轮分类识别，将案件分为有财产的案件和无财产的案件，进行分别管理。将有财产的案件分类为有保全财产的案件、可以直接履行的案件、财产需要处置的案件。无财产的案件统一进入无财产案件库，法院利用全国执行网络查控系统定期对库内案件启动查询，如发现可供执行财产立即发出可执行警示。同时无财产的案件直接进入网格员系统，由网格员定期发起督促，当事人提供财产线索。

（4）网格员辅助案件执行。从本质上讲，执行难是一个社会问题，社会问题的解决具有社会性，解决逻辑也在于社会化，① 执行网格化通过建立基层协助执行网络，拓宽了法院查找失信被执行人、查找被执行财产的渠道。这使一种集中决策和执行的意志实现程序隐藏在基层治理之中。② 在制度设计上，网格员人熟、地熟、信息掌握充分全面，其反馈的信息可以作为纠纷化解主体判断义务人是否具备履行能力的“体检单”，作为分流的基础依据。在制度运行上，将督促履行作为其工作职责之一，债务人未按调解协议或者生效裁判履行的，将信息推送至其所在网格的网格员，由网格员对其进行电话督促或者上门督促，促进债务人主动履行或由其亲属代为履行。在制度保障上，将督促履行作为工作职责进行考核，设置网格员督促履行专项资金，定期对网格员进行业务培训，提升履职能力和履职积极性。

（二）实现保全在诉前、诉中、判后全流程覆盖

1. 全面推行执前保全告知制度

保全申请作为《民事诉讼法》规定的当事人所享有的法定民事权利，

---

① 参见邓蔚：《执行社会化理念的确立及展开》，载《求索》2019年第4期。

② 参见于浩：《推陈出新：“枫桥经验”之于中国基层司法治理的意义》，载《法学评论》2019年第4期。

应纳入法院告知当事人诉讼权利的范围。通过保全告知可以有效解决实践中不少小标的额案件债权人因对保全制度了解不深、重视不够而未能申请保全的问题，提高保全适用比例，充分发挥“以保促调、以保促执”作用，提升法院实质性解纷能力。各地司法实践已在积极探索适用，如甘肃省渭源县人民法院早在2017年就推出财产保全告知制度，向所有立案登记当事人送达保全告知书，释明财产保全程序、措施、解除等内容，半个月内引导近30%的当事人申请财产保全。[①] 落实保全告知制度，由法院制定格式化的《督促保全告知书》，该告知书主要包括保全的必要性、申请内容、申请程序、应提交材料及财产保全风险等内容。按照“谁办理、谁告知”的原则，法官应在各环节主动告知权利人保全相关事项。立案阶段，由立案或保全窗口将《督促保全告知书》送达给债权人，同时口头告知进行强调；审判阶段，将《督促保全告知书》作为庭审告知权利义务内容，法官开庭时予以宣读；生效裁判作出后，督促履行的法官或网格员向原告送达电子版本《督促保全告知书》，并进行口头保全引导，全流程不断强化债权人的风险防范意识，实现“应保尽保”。若债权人在法院充分引导下，仍怠于行使申请保全权利，应承担后续债权回收不能或回收成本更高的风险。

2. 实现财产保全保险全覆盖

财产保全责任保险，是指在民事诉讼中，当事人或利害关系人向法院申请财产保全时，与保险公司订立保险合同，由保险公司承担因保全错误而产生的损失赔偿责任的一种新型保险。诉讼保全责任保险与传统的财产担保相比，具有成本低、效率高及更好满足担保功能要求等优势，有助于解决诉讼保全过程中“保全难”“执行难”的问题。[②] 由于保全保险通常按照担保额度的一定比例收取保险费，实践中，保险公司出于经

① 《渭源法院施行财产保全告知制度》，载《人民法院报》2017年8月25日，第4版。

② 何启豪、常鑫：《诉讼财产保全责任险何以助力解决“执行难”》，载《法律适用》2018年第23期。

济利益考虑，更倾向于承保大标的额案件的保全风险，不愿意承保小标的额案件保全保险。为实现小标的额案件中保全保险的全覆盖，对于涉民生、公共利益等类型纠纷案件，保全申请人确因经济困难，不能负担购买保全保险费用的，法院可探索从法院司法救助金中拨付一定金额，专门用于支付经济困难当事人购买保全保险费用，解决当事人因经济困难无力购买保全保险难题。

3. 完善配套制度开放网络查控系统保全财产查询权限

相关保全规定严格限制通过网络查控系统查询被保全人的财产，主要为了避免当事人恶意申请保全，利用法院网络查询掌握被保全人财产信息用于非正当竞争等，损害被申请人合法权益。法院执行网络查控系统已实现对被执行人名下房产、存款、车辆、股权等26项主要财产的查询，相较于要求保全申请人查找被保全人明确财产信息，现有的信息技术更能高效查明财产情况，且能对更便于执行的银行存款、网络资金等采取控制措施，提高保全的有效性。如果前端因当事人无法提供明确、具体财产信息，也不能进行网络查询而保全不成功，案件进入执行程序后，仍要进行网络查询，会浪费更多的司法资源，因此有必要在诉前、诉中及判后各阶段开放网络查控系统的保全财产查询权限。对于开放网络查控系统保全财产查询权限可能存在损害被保全人财产权益等风险，可以通过完善配套制度规避。首先，严格申请人保全担保审查，确保保全损害被申请人权益后，被保全人能及时得到赔偿。其次，强化对恶意申请保全行为的惩戒打击。如申请人、被申请人或者其他人妨害保全秩序的，人民法院可以根据情节轻重予以罚款、拘留；构成犯罪的，依法追究刑事责任。最后，建立网络查询人员违规查询、泄露财产信息追责机制。法院查询财产后，应严格在保全限额范围内采取查封、扣押、冻结等措施，对查询的被保全人财产信息情况应严格保密，只能告知申请人采取具体保全措施的财产信息，若违规告知查询的全部财产信息给被申请人造成损害的，应严厉追责。

（三）完善诚信体系激发债务主体内生履行动力

1. 构建分层分级的执行威慑体系

执行制度的生命力在于其威慑力，为解决小标的额执行案件威慑不达的问题，要继续深化综合治理执行难大格局，扩大网络查控系统查询被执行人财产类型范围，提升财产查询信息反馈的及时性、有效性；加强与公安机关在查找被执行人行踪下落信息方面的协作，推动公检法机关打击拒执犯罪协作机制落地落实，明确打击拒执行为的证据标准，将打击拒执犯罪立案侦查率、起诉率纳入对公安机关、检察机关的考核，法院对构成拒执犯罪的被执行人应严格依法判处，同时要积极在打击拒执犯罪中追究共同犯罪，对明知被执行人有通过将财产（转移）登记在他人名下、资金存放或转移至他人账户等逃避、规避执行行为，仍积极提供账户卡号等为转移、隐瞒财产提供帮助的人，也应追究拒执犯罪，以末端的严厉打击惩戒治理实践中转移财产逃避执行的行为；积极探索根据案件具体情况对被执行人分级分类采取失信惩戒、限制消费措施，让失信惩戒、限制消费措施更具有精准性，更符合比例原则。明确对小标的额案件被执行人限制高消费的具体措施，促使其主动履行义务；完善"一处失信、处处受限"社会信用体系建设，将被执行人信息纳入联动单位业务办理系统，实现自动比对、自动拦截、自动惩戒，增强联合惩戒实际效果。

2. 建立主动履行激励机制

失信惩戒与守信激励相互促进，是社会信用制度能够良性运行的重要原因。当前，各地法院在依法开展失信惩戒的同时，探索开展出具自动履行生效法律文书证明、将自动履行信息向征信机构推送、对诚信债务人依法酌情降低诉讼保全担保金额等守信激励措施，营造鼓励自动履行、支持诚实守信的良好氛围。可进一步探索，主动履行生效法律文书确定义务的当事人，其诚信记录可以作为诉讼费减免、缓交的优先条件。

此外，在保全中，信用评价良好、诚实守信的申请人，可以降低诉讼保全比例。债务人在调解后、诉讼过程中或生效判决作出后主动履行义务的，法院可以向其出具《诚信履行证明书》，同时将主动履行信息推送给各信用平台，提高债务人的信用评级，使其在融资、招投标等社会经济活动中获得高信用评级带来的优先性。同时，对于生效裁判作出后，被执行人经督促仍未履行的，法院将案件信息推送信用平台，对被执行信用产生负向影响，再通过主动履行后的信用修复程序，使被执行人重新回归社会，通过正反向激励，促进债务人由被动履行向主动履行转变。

3. 以执行公开助推诚信履行社会氛围形成

相较于审判公开，执行公开的实践创新是对司法公开制度的最新拓展和突破。[①] 执行信息公开的时间和节点，应当与审判流程公开有所区别，避免影响执行效果。[②] 执行程序着重提升效率，即应有迅速确实效果，[③] 故寻求权利实现最大化和执行效率最大化，应当称为执行公开的两个基本理念。人的良好声誉会给当事人带来长期收益，即使他人认可、赞许的行为对现阶段而言是一种“损失”或负担，当事人为获得长期收益依然乐意为之。[④] 显然，要让小标的额执行案件的履行于被执行人而言是一种以较小负担而获得较大收益的事情，需要利用执行公开制度，充分利用社会资源，营造诚信履行的良好社会氛围。将强制执行自身工作规律与传播规律有效结合，一方面，加大失信曝光，在户外 LED 屏、城市公交车、地铁屏幕上公布失信被执行人相关信息，通过微博、微信公众号、抖音等各类传统、新兴媒体将失信被执行人信息广而告之。另一

① 褚红军主编：《切实解决执行难——路径、模式、方法》，人民法院出版社 2023 年版，第 305 页。

② 周强：《深化司法公开 促进司法公正》，载《人民法院报》2014 年 1 月 27 日，第 4 版。

③ 赖来焜：《强制执行法总论》，我国台湾地区元照出版有限公司 2007 年版，第 18 页。

④ 彭秀坤：《国际社会信用评级机构规制及其改革研究》，苏州大学 2012 年博士学位论文。

方面，积极加大对诚信履行典型人物、事例的宣传，[①] 带动更多的小标的额债务人主动履行义务。

四、结语

债务人履行能力与履行意愿是审判执行的核心要素，履行能力与履行意愿并不因为案件进入诉讼程序而自然固定，执行要达到债务人的履行能力不减损、履行意愿增强的目标，就需要建立被执行人履行能力与履行意愿评估机制，并在此基础上实现案件分流。本文以小标的额案件的执前化解为引子，提出建立当事人履行能力与履行意愿评估机制的可行性路径，未来还需要更多专家学者、司法实务工作人员持续关注这个命题，进行深入研究，以期切实解决执行难问题。

① 如被写进2023年最高人民法院工作报告的浙江省丽水市老人，年逾八旬重新创业，坚持用10年时间还完2000余万元债务，执行法院广泛宣传老人诚信还债事迹，带动1200余名被执行人主动履行债务近4000万元；浙江11岁信义少年通过打暑假工为去世父母偿还债务数万元，执行法院组织3000余名被执行人及其他群众宣讲少年主动为父母还债的故事，促进数百件执行案件被执行人主动履行债务达5000万元。典型诚信履行人物宣传对于促进被执行人主动履行起到良好的引导效果。

【地方法院案例解析】

河南某律师事务所执行异议案

——继受债权排除债权执行的审查规则

张 君* 李 锋**

【裁判要旨】

被执行人依法转让债权后，执行法院不得将该债权仍作为被执行人的责任财产继续执行。债务人接到债权转让通知后，继续对原债权人（被执行人）履行的，应当自行承担对其不利的法律后果。执行法院送达债权冻结执行文书前，被执行人依法转让债权的，债权受让人可以排除执行法院对该债权的执行。

【基本案情】

河南某物流公司申请执行河南某混凝土公司、刘某会、刘某涛买卖合同纠纷案，河南省郑州市中级人民法院于 2023 年 5 月 18 日立案执行。执行中，河南省郑州市中级人民法院于 2024 年 1 月 19 日作出（2023）豫 01 执 1424 号之七执行裁定和履行到期债权通知书，冻结被执行人河南某混凝土公司对某公局集团享有的到期债权 23 万元。某公

* 河南省高级人民法院执行裁决庭四级高级法官。

** 河南省高级人民法院执行实施监督庭三级高级法官助理。

局集团于2024年3月14日将224496.73元货款支付到该院执行账户。河南某律师事务所以河南某混凝土公司已将案涉债权转让给其为由，提出执行异议。

另查明，河南某混凝土公司与河南某律师事务所于2023年8月10日签订《债权转让协议》，主要内容如下：河南某混凝土公司将其与某公局集团享有的二期病房大楼工程项目债权（包括混凝土货款、逾期利息等）转让给河南某律师事务所，以冲抵欠付的代理费用。河南某律师事务所同意受让河南某混凝土公司享有的债权，将欠付代理费之外的款项于五个工作日内返还河南某混凝土公司。协议生效后三日内，河南某混凝土公司应将债权转让通知某公局集团等。2023年10月30日，河南某律师事务所向郑州市仲裁委员会申请仲裁，请求某公局集团支付货款224496.73元。郑州市仲裁委员会于2024年3月3日作出（2023）郑仲裁字第3596号裁决，裁定某公局集团向河南某律师事务所支付货款224496.73元及利息等。

2024年3月28日，河南省郑州市中级人民法院作出（2024）豫01执异182号执行裁定，以河南某混凝土公司在债权转让时，还存在未清偿的执行债务为由，驳回河南某律师事务所的异议请求。河南某律师事务所不服，提起执行异议之诉。

【裁判结果】

河南省郑州市中级人民法院于2024年5月31日作出（2024）豫01民初476号民事判决，驳回河南某律师事务所的诉讼请求。河南某律师事务所不服，提起上诉。河南省高级人民法院于2024年9月24日作出（2024）豫民终339号民事判决，撤销河南省郑州市中级人民法院（2024）豫01民初476号民事判决、（2023）豫01执1424号之七执行裁定和（2023）豫01执1424号之四履行到期债权通知书。

河南省高级人民法院认为，本案的争议焦点是被执行人河南某混凝土公司将其对案外人债权转让后，受让人能否主张排除对该债权的强制执行。《民法典》第 545 条规定："债权人可以将债权的全部或者部分转让给第三人，但是有下列情形之一的除外：（一）根据债权性质不得转让；（二）按照当事人约定不得转让；（三）依照法律规定不得转让。当事人约定非金钱债权不得转让的，不得对抗善意第三人。当事人约定金钱债权不得转让的，不得对抗第三人。"第 546 条第 2 款规定："债权转让的通知不得撤销，但是经受让人同意的除外。"依据前述法律规定，河南某律师事务所与河南某混凝土公司之间的债权转让协议合法有效，对某公局集团产生债权转让的法律效力，某公局集团应当向河南某律师事务所而非河南某混凝土公司履行该笔债务。河南省郑州市中级人民法院向某公局集团送达的债权执行文书晚于案涉债权转让及某公局集团收到债权转让通知的时间。履行债权通知书等执行文书送达给某公局集团时，案涉债权已不属于被执行人河南某混凝土公司的财产权益范畴，而归河南某律师事务所享有。河南省郑州市中级人民法院对案涉债权执行于法无据。

【案例评析】

《最高人民法院关于适用〈中华人民共和国民事诉讼法〉的解释》第 499 条规定："人民法院执行被执行人对他人的到期债权，可以作出冻结债权的裁定，并通知该他人向申请执行人履行。该他人对到期债权有异议，申请执行人请求对异议部分强制执行的，人民法院不予支持。利害关系人对到期债权有异议的，人民法院应当按照民事诉讼法第二百三十四条规定处理。对生效法律文书确定的到期债权，该他人予以否认的，人民法院不予支持。"其中，第 2 款中的《民事诉讼法》（2021 年修正）第 234 条于 2023 年修正后条文序号调整为第 238 条，此处的"利害关系人"实系指《民事诉讼法》（2023 年修正）第 238 条规定的"案外人"。司法实践中，对到期债权有异议的"利害关系人"类型各异，其中债权受让人比较常见。在执行异议之诉案件的审理中，对于债权受让人能否排除对案涉债权的执行，实务中存在不少争议，甚至还存在一定的误区。本文拟以本案例为契机，在澄清学说与审判实务相关争议的基础上，对债权受让人能否排除对债权的执行进行探讨并对本案予以简要评析。

在对本案展开讨论之前，需要对讨论的范围作出一个界定。《民法典》第545条第2款将债权分为金钱债权和非金钱债权，并在债权转让涉及第三人时赋予了不同的法律效果。从学理上而言，二者还存在其他一些区别。金钱债权的权利义务与标的具有同一性，因此，金钱债权的转让系权利义务和标的的一并转让，不涉及合同履行的问题。非金钱债权尤其是物之给付请求权的转让则有所不同，其权利义务的转让与标的的转让通常并不会同时完成，即债权转让后还涉及物的交付（履行）问题。故如果因非金钱债权转让而查封了转让标的物（动产或不动产），那么案外人（债权受让人）据此提出排除执行的异议，则属于对执行标的提出的异议，债权转让行为仅属于原因行为，人民法院仍然需要基于原因行为判断案外人是否对执行标的享有权利、享有何种权利以及该权利能否排除执行。因此，本文的讨论仅限于金钱债权的转让。

一、债权转让的性质

债权转让，是指不改变债权内容而将其移转于他人的法律行为。① 债权具有二重性。作为给付请求权，债权具有相对性，即债权债务关系仅在债权人与债务人之间发生；但若该给付请求权具有财产价值，在债权实现前，亦可以作为交易对象，成为法律行为的客体。② 债权转让使被让与的债权在主体归属上发生移转：债权因转让而自原债权人移转于第三

① 韩世远：《合同法总论》，法律出版社2018年版，第592页；崔建远：《合同法总论》（中卷），中国人民大学出版社2024年版，第658页。

② 陈自强：《契约法讲义Ⅱ：契约之内容与消灭》，我国台湾地区元照出版公司2018年版，第237页。

人（受让人），原债权人因转让而丧失债权。[①]

债权转让必有其目的，或为债权买卖，或为债务清偿，或为无偿赠与，或为以债权收取为目的而成立的委任合同、信托让与等。[②] 上述关于债权转让的目的（买卖、债务清偿）的约定，学理上称为债权转让的基础行为。从法律行为的分类来看，债权转让的基础行为属于债权行为、负担行为；而债权转让行为属于准物权行为、处分行为。[③] 现实生活中，债权转让的基础行为与债权转让行为则往往合并于一个表示，表现为一个行为，例如，债权买卖，关于债权买卖的意思表示与债权转让的意思表示常常同时完成。[④] 所谓达成债权转让合意，系指双方当事人就债权转让达成意思表示一致，该合意一经完成，除非存在影响合同效力的因素，即在当事人之间产生债权转移的法律效果。因债权转让系处分行为，因此，债权转让时让与人须对债权有处分权能，债权转让行为方能发生效力，让与人不能将不存在的、已经消灭的或者已经让与他人的债权二重转让给受让人。[⑤] 同时，债权转让时的债权必须特定或者可以确定。如存在债权凭证，记载债之关系的当事人、债权发生的原因及时间地点、债

---

① 崔建远教授认为债权让与不是处分行为，而是债权让与合同所引发的债权变动，是一种事实行为。参见崔建远：《合同法总论》（中卷），中国人民大学出版社 2024 年版，第 664 页。持同样观点的是王利明教授，参见王利明：《合同法总论》（中卷），中国人民大学出版社 2016 年版，第 428 页。

② 陈自强：《契约法讲义Ⅱ：契约之内容与消灭》，我国台湾地区元照出版公司 2018 年版，第 240~244 页。

③ 参见杨代雄：《法律行为论》，北京大学出版社 2021 年版，第 91 页。一些学者为了区分基础行为与债权转让，将前者称为债权转让，后者称为债权让与。一些不承认处分行为的学者，认为债权转让行为并非法律行为，而是事实行为。参见崔建远：《合同法总论》（中卷），中国人民大学出版社 2024 年版，第 664 页。笔者认为，只要继承潘德克顿体例的民法建立在物债二分的立法体例之上，区分负担行为与处分行为就是理论逻辑的必然要求，即使民事立法没有明确规定亦不影响其分类，否则在逻辑上就无法解释那些直接发生权利变动的动产抵押、地役权设立等法律行为的性质。

④ 尽管在逻辑上，关于债权买卖的意思表示与债权转让的意思表示存在“逻辑的一秒钟”的差距。参见苏永钦：《跨越自治与管制》，我国台湾地区五南图书出版有限公司 1999 年版，第 228 页。

⑤ 参见陈自强：《契约法讲义Ⅱ：契约之内容与消灭》，我国台湾地区元照出版公司 2018 年版，第 239 页。

权内容、债权数额等与债权特定有关的事项，则债权让与已符合标的物特定原则的要求。实践中，如果转让人（被执行人）转让的债权与执行法院冻结的债权并非同一债权，则受让人并无提出排除执行的诉讼利益。至于该债权是否属于到期债权，则并非关键所在。例如，尚未进行决算的工程款债权，可以作为债权转让的客体，亦可以作为执行法院冻结的标的。

综上所述，债权转让行为属于准物权行为、处分行为，且不以签订书面协议为要件。双方当事人一经达成债权转让的合意，就直接引起“物权”变动的后果，受让人就依法取得了债权。

二、债权转让的效力

从《民法典》第545条的规定来看，债权转让仅需双方当事人就债权转让意思表示达成一致即可，不存在履行问题，其也不属于要式行为，不需要签订书面的债权让与合同，甚至并非必须交付债权凭证。[①] 被执行人为债权转让人，其让与债权于他人，与转移其动产、不动产于他人，在性质上并无二致。[②]

不能流动的财产没有交易价值。为提升债权作为财产的流动性，应当尽量减少债权转让的法律障碍，降低债权转让对交易安全的不利影响。德国民法之所以肯定债权转让应从债权转让的基础行为中独立出来，既是民法法典结构体系化的内在要求，也出于保障债权交易安全的目的。根据《民法典》第545条的规定，除债权依其性质或当事人约定、法律规定禁止转让外，债权转让并无其他特别的交易障碍。所谓依其债权性

① 参见马登科：《论已决债权转让申请执行的审查——兼论民事强制执行法（草案）第18条第2款》，载《中国应用法学》2022年第5期。依据《民法典》第599条及第646条有偿合同得参照适用买卖合同之规定，在债权让与属于有偿转让的场合，债权让与人应当按照约定或者交易习惯向受让人交付包括债权转让凭证在内的有关债权凭证，否则债权受让人无法向债务人证明自己的新债权人身份。

② 参见庄诗岳：《案外人执行异议之诉异议事由论：基于实体法与诉讼法的双重视角》，法律出版社2024年版，第105页。

质不得转让，主要是指债权人的变更会导致给付内容、权利行使发生变更，以及出于保障债权人生活目的而使之享有的债权等。[①] 所谓法律规定禁止转让，《民法典》并无其例，需要看其他法律是否有明确的规定。

实践中最重要的并非是否禁止债权转让，而是《民法典》关于债权转让法律效力的限制性规定。一是可撤销的民事法律行为。《民法典》第538 条、第 539 条规定，债务人放弃其债权、无偿转让财产，或者以明显不合理的低价转让财产的，债务人的债权人可以提起债权人撤销权之诉，撤销已经发生的债权转让行为。二是无效的民事法律行为。债权转让应当受到《民法典》总则编关于法律行为效力规定的审查。这些规定包括第 143 条、第 146 条、第 153 条、第 154 条等。审判实践中，关于债权转让的效力审查，主要围绕上述规定开展。[②]《民法典》第 154 条规定："行为人与相对人恶意串通，损害他人合法权益的民事法律行为无效。"学理上，对恶意串通行为的概念认识存在较多模糊，多数所谓恶意串通行为可以用其他规则予以调整。目前，在解释论上，多认为应将《民法典》第 154 条解释为《民法典》第 153 条第 2 款违背公序良俗之法律规定的特别规定。[③] 结合本文所讨论的问题，笔者认为，在违背公序良俗行为的具体类型中，可以将对某些违法行为或犯罪行为起促进作用的背俗行为，作为讨论问题的基础，进而作为判断债权转让是否应当认定无效的标准，即被执行人与受让人为达到逃避执行或其他违法犯罪目的所形成的债权转让行为，应当认定为无效。具体而言，与债权人撤销权的行使条件相比，背俗行为更强调行为人的主观恶意，即转让人和受让人均应当具有逃避执行目的的主观恶意，才可能因违背公序良俗而无效。此处所谓主观恶意，即转让人具有明知难以清偿债务，为防止将来败诉后可能的强制执行，故意转移财产的意愿，特别是将受让人支付的对价转移至他人

---

① 韩世远：《合同法总论》，法律出版社 2018 年版，第 602 页；陈自强：《契约法讲义Ⅱ：契约之内容与消灭》，我国台湾地区元照出版公司 2018 年版，第 247 页。

② 司伟主编：《执行异议之诉：裁判思路与裁判规则》，法律出版社 2020 年版，第 573 页。

③ 参见杨代雄：《法律行为论》，北京大学出版社 2021 年版，第 429 页。

名下。故意将受让人支付主要对价的时间不合理地延至诉讼结束之后，更是认定其具有主观恶意的重要表现形式。至于受让人是否具有恶意，以其受让债权时是否已经知道该行为损害其他债权人的债权为标准，至于是否知悉转让人亦为恶意，在所不问，以降低对上述背俗行为的证明难度，平衡各方当事人的利益关系。[①]《最高人民法院、最高人民检察院关于办理拒不执行判决、裁定刑事案件适用法律若干问题的解释》发布后，恶意转让债权的时间点向前延伸至诉讼开始后，但是，不排除双方在诉讼之前已经具有恶意转移财产的行为。恶意串通损害他人利益的"他人"，不限于已经进入审判或执行程序的债权人。司法实践中，与被执行人恶意串通的案外人通常是与被执行人存在密切关系的人，如被执行人的近亲属、董事、监事、高级管理人员、控股股东或因其他社会关系与被执行人存在利害关系的主体。[②]

另外，除债权转让行为是否有效或可撤销外，还应当考察债权转让人的处分行为是否受到限制，如果受到限制而处分债权的，则不具有对抗效力。《最高人民法院关于人民法院民事执行中查封、扣押、冻结财产的规定》第 24 条第 1 款规定："被执行人就已经查封、扣押、冻结的财产所作的移转、设定权利负担或者其他有碍执行的行为，不得对抗申请执行人。"因此，如果在债权转让之前该债权已被人民法院等有权机关依法冻结，转让人的处分受到限制，其转让行为不得对抗执行债权人。

因此，在执行异议之诉案件的审理中，人民法院应当严格依照实体法和诉讼法的规定，谨慎审查债权转让的真实性和有效性。如果不存在债权转让无效或可撤销的情形，那么，案外人就是债权的合法"所有权人"，自然应当排除强制执行。尽管在实践中案外人与被执行人恶意串

---

① 崔建远：《合同法总论》（中册），中国人民大学出版社 2024 年版，第 428 页。

② 参见庄诗岳：《案外人执行异议之诉异议事由论：基于实体法与诉讼法的双重视角》，法律出版社 2024 年版，第 107 页。

通，通过滥用案外人诉权阻碍执行的情况较多且不限于债权转让这一种情形，但不能因此因噎废食，对案外人的诉求一概拒之门外。

三、实践中的争议

对于债权受让人提出的异议，在执行异议之诉审理中，下列争议较为常见。

（一）债权转让是否需以通知债务人为生效要件

《山东省高级人民法院民一庭执行异议之诉案件审判观点综述》认为，当事人在人民法院查封前签订书面债权转让协议并通知债务人的，方可予以排除执行。笔者认为，对于债务人而言，债权转让事实发生在债权人与受让人之间，其转让无须债务人同意。与物权变动不同，债权转让无须交付或登记等权利变动外观，债务人难以知悉，故债权转让需通知债务人。《民法典》第546条规定：债权人转让债权，未通知债务人的，该转让对债务人不发生效力，系对债务人的保护措施，防止债务人因错误的非债清偿而继续承担履行义务。《最高人民法院关于适用〈中华人民共和国民法典〉合同编通则若干问题的解释》第48条第1款专门对上述规则予以明确："债务人在接到债权转让通知前已经向让与人履行，受让人请求债务人履行的，人民法院不予支持；债务人接到债权让与通知后仍然向让与人履行，受让人请求债务人履行的，人民法院应予支持。"综上所述，债权转让行为的生效不以通知债务人为必要，被执行人让与债权是否向债务人送达了债权转让通知，并非确定受让人取得债权，进而是否能够排除执行的法定要件。[①] 即使在执行法院对债务人发出冻结债权的法律文书之后，亦不影响在先的债权受让人享有对抗债权执行的

---

① 参见贾玉慧：《债权转让规则的具体适用及相关问题研究——以〈民法典合同编通则解释〉第48—50条为中心》，载《中国应用法学》2024年第1期；庄诗岳：《案外人执行异议之诉异议事由论：基于实体法与诉讼法的双重视角》，法律出版社2024年版，第107页。

资格和条件。当然，执行程序中，如果债务人不知债权转让的事实，向执行法院履行其对被执行人（原债权人）所负的债务，使债权消灭的话，该履行行为有效，债权受让人不得再要求其继续履行对受让人的清偿义务，且因其债权已经消灭，当然也不再享有排除执行的诉讼利益。

（二）债权转让是否需以支付对价为前提

如前所述，债权转让行为与债权转让的基础行为相对独立。但在讨论基础行为的有效与否是否影响债权转让的效力时，即债权转让是否具有无因性上，学说存在争议。由于我国民法学界素不承认物权行为的无因性原则，主流观点认为，债权转让系有因行为，在基础行为无效或被撤销的场合，债权转让不发生效力；在作为基础行为的合同被解除时，债权自动复归于让与人。唯因票据行为被法律明定为无因行为，应视为债权转让有因性的例外情形。但是，在作为基础行为的有偿转让合同未履行，即尚未支付对价时，并不等于合同无效或被解除，因此，债权转让的有效性仍应得到维持；即使受让人迟延履行，在其符合解除合同的条件且在被执行人向其发出解除合同的通知之前，该转让行为仍是有效的。此时，执行法院可以将债权转让的对价作为被执行人对受让人所享有的债权，按照到期或未到期债权的规定继续执行，并不损害申请执行人的利益。因此，债权受让人是否向被执行人支付了对价，并非判定其不得对抗债权执行的充分条件。

（三）债权无偿转让或者削价转让对转让的效力是否有影响

被执行人的债权属于其责任财产，在被执行人尚未履行其对申请执行人所负债务的情况下，其向案外人转让债权，可能影响被执行人的偿债能力，损害申请执行人的利益。因此，一些法院在审查案外人的债权受让是否损害他人的合法权益时，将被执行人是否无偿或者低价转让债权作为判断案外人能否排除执行的要件。对此，首先，需要明确的是，债权与动产或者不动产不同，其价值多寡取决于债务人的支付能力。债务人无支付能力的风险，应由何人承担，取决于基础关系的约定。换言之，债权价值的多寡，依赖于受让人对其价值的主观判定，并无客观评价的标准。所以，所谓低价处置债权，或者说双方约定的对价是否合理，难以形成居中裁判的客观尺度。① 当然，在债权负有担保以及担保物价值较为稳定的情形下，债权实现的概率较高，但仅是相对而言，并不能保证全部实现。执行过程中许多担保物处置不能，难以变现。其次，即使存在无偿或者低价转让债权的情形，在该基础行为因损害债权人的利益而被撤销之前，其仍属有效的法律行为，债权转让的效力也因此得到维持。依照《民法典》关于债权人撤销权的规定，债权人撤销权属于撤销诉权，债权人未提出撤销诉权的，人民法院不能主动依职权撤销债务人处分财产的行为，而应由认为上述行为损害其债权的申请执行人或者其他债权人根据《民法典》第538条、第539条的规定提起债权人撤销权之诉。在此期间，案外人异议之诉的审理应当中止。实践中，有的法院提出一些被执行人转让债权的目的，是为了消灭其对受让人所负的债务，由此导致受让人与被执行人的其他债权人相比，事实上获得了优先受偿地位，损害了债权平等原则，因此，不能排除执行。笔者认为，若被执行人转让债权的基础行为损害了其他债权人的利益，则应让诸位债权人行使撤销诉权进行撤销，在案外人异议之诉审理中法院不能径行认定债权转让行为损害他人利益，并将其作为排除案外人异议的裁判理由。

四、案外人排除执行的法定条件

对于作为债权受让人的案外人能否排除对债权的执行，实践中还存

① 《最高人民法院关于适用〈中华人民共和国民法典〉合同编通则若干问题的解释》第42条试图为财产价值确立客观等值原则：人民法院应当按照交易当地一般经营者的判断，并参考交易时交易地的市场交易价或物价部门指导价，予以确认。转让价格达不到交易地的市场交易价或指导价70%的，一般可以视为明显不合理的低价。该标准在认定常见动产、不动产价格时较易适用，但在债权交易的场合，则难以适用。

在不少误区。

误区一：由于缺乏有效手段确定债权让与的确切时间，当事人倒签债权让与合同的风险较大，在存在其他利害关系人的情况下，不排除债权转让人通过债权转让移转责任财产规避执行的情形，因此，对案外人基于受让被执行人的债权提出的排除执行异议，一般不应支持。[①]

笔者认为，当事人恶意串通，倒签债权让与合同转移财产、逃避执行的行为时有发生，但这并不能成为对案外人的合法权益一概不予保护的正当理由。在执行异议案件审理中，人民法院应当结合转让人和受让人之间的关系、债权转让的背景等因素进行认真审理，并在查明事实的基础上进行判断，切忌进行“一刀切”式的处理。

误区二：若申请执行人对被执行人的到期债权、被执行人对第三人的到期债权均为已决债权，案外人与被执行人之间的债权转让协议，仅系二者之间的内部约定，不足以对抗法院所作的生效判决。

笔者认为，任何合同约定均属于当事人之间的“内部约定”，但不能因其系“内部约定”而否认其法律效力。法律并未禁止债权人对已决债权的转让，即使债权转让人为被执行人，在其对他人的债权被依法强制冻结之前，只要该转让不损害自身的偿债能力，法律就不会禁止其将该债权让与他人。所谓债权转让“不足以对抗法律所作的生效判决”，并无坚实的法律根据和法理依据。

误区三：只要被执行人有未清偿的债务，其转让债权的，不属于“依法转让”，对受让人提出的排除执行异议一律不予支持。

笔者认为，在债权转让中，要正确区分债权转让的成立和债权转让的效力。即使被执行人有未清偿的债务，法律也并未禁止其转让债权，被执行人依照《民法典》第 545 条的规定转让其债权的，当然属于“依法转让”，若欲对该转让行为作出否定评价，只能从债权转让的效

---

① 参见庄诗岳：《案外人执行异议之诉异议事由论：基于实体法与诉讼法的双重视角》，法律出版社 2024 年版，第 103 页。

力进行考察，若存在前述债权转让无效的情形，案外人的主张当然不应予以支持，反之，若不存在无效情形，则其合法权益应当依法予以保护。

因此，对于债权转让的受让人提起的案外人异议之诉，应当依照有关的法律规定进行审理，避免“误入歧途”。根据《最高人民法院关于人民法院办理执行异议和复议案件若干问题的规定》第 24 条的规定，人民法院对案外人排除执行异议的审查内容主要有如下几方面：（1）案外人是否系权利人；（2）该权利的合法性与真实性；（3）该权利能否排除执行。根据前述分析，在债权转让中，只要转让人和受让人达成一致的意思表示，债权转让行为即成立，受让人就取得了该债权。根据债权系“准物权”的法律属性，受让人享有的即该债权的“所有权”。即使被执行人转让债权时尚有未清偿的债务，只要不存在债权转让法定无效情形，那么，案外人请求排除强制执行的主张就应当依法予以支持。

本案中，河南某律师事务所与河南某混凝土公司系于 2023 年 8 月 10 日签订《债权转让协议》，河南某混凝土公司对某公局集团享有的到期债权真实合法，故河南某律师事务所于 2023 年 8 月 10 日取得了案涉债权。而河南省郑州市中级人民法院于 2024 年 1 月 19 日才作出冻结债权的裁定，此时河南某混凝土公司已经不是案涉债权的债权人。河南某律师事务所对该不当执行行为提出异议并提起案外人异议之诉，因债权转让不存在法定无效情形，故其诉讼请求应予支持。

五、结论

债权转让不具有公开性，故在司法实践中，易被认为系损害其他人合法权益的工具，特别是债权转让人作为被执行人进入执行程序后，审理部门更易将受让人取得债权的行为认定为无效，客观上影响了债权作为一般财产的流通价值。笔者主张在案外人异议之诉中，在判断债权转让的有效性方面，应当严格按照《民法典》规定的债权转让的生效条件进行判断，不得将是否通知当事人作为债权转让生效的要件，不应将债权转让的基础行为、原因行为等作为债权转让是否有效的要件，严格按照《民法典》总则编关于法律行为效力的规定进行审查，对于所谓无偿、低价转让债权的行为，在法律明确可以行使债权人撤销权的场合，不得主动依职权认定无效。在认定双方当事人是否属于恶意串通的场合，应当着重审查双方当事人的主观是否均有恶意。

——征稿启事——

《执行工作指导》是最高人民法院执行局编发的业务指导出版物，主要刊登最新执行政策与精神、执行裁判规则、执行典型案例、执行理论研究成果，旨在促进全国法院执行干警准确掌握法律精神、助推执行工作、繁荣执行理论。

本书所设主要栏目及其情况如下：

【执行局长论坛】刊登最高人民法院执行局局长和地方法院执行局局长关于执行工作的理论思考、热点研究、实证分析类的文章。

【最高人民法院执行局法官会议纪要】刊登最高人民法院执行局法官会议讨论过的具有典型性和指导意义的案件意见及解析。

【最高人民法院案例解析】刊登最高人民法院具有指导价值的案例及解析。

【人民法院案例库案例选登】刊登人民法院案例库案例。

【法答网执行问题精选答复选登】刊登法答网上各地法院执行工作中遇到的代表性问题及最高人民法院执行局答复意见。

【执行热点前沿】刊登强制执行领域优秀学术论文、理论研究成果，介绍域外制度。

【调研与实证】刊登强制执行领域优秀调研报告、实证研究成果、经验总结和改革创新动态。

【执行管理和信息化】刊登执行指挥中心实体化运行、执行管理和执行信息化方面的动态、成果及前沿问题探讨。

【民事强制执行热点】刊登民事强制执行法起草过程中的理论研究成果及前沿问题探讨。

【地方法院案例解析】刊登地方法院具有典型性和推广价值的案例及解析。

本书诚邀全国各级法院同仁和专家学者撰稿。来稿要求如下：

1. 具有较强的典型性、创新性和指导价值。

2. 具有原创性，因稿件引起的任何版权纠纷由投稿人负责。

3. 撰写格式请参照本书相关部分的内容，注释援用《中国法学》体例。

4. 其他栏目来稿，请以电子邮件形式发送至 zhixingcankao@ sina.com。邮件标题处请标明稿件所属的投稿栏目和作者单位、姓名。格式为："执行信息化专题-××省高级人民法院李××"。在稿件正文后，请详细提供如下信息：标题、作者姓名、单位全称、通信地址、邮政编码、联系电话、电子邮箱地址及身份证号码，以便于联系和邮寄稿费。

5. 本书所采稿件，按照规定支付相应稿酬。因缺少支付稿酬所需账号等原因尚未收到稿酬的，请与本书编务组联系。

《执行工作指导》编委会